설명의 일류, 이류, 삼류

설명의
일류,
이류,
삼류

기류 미노루 지음

이지현 옮김

지상사 Jisangsa

SETSUMEI NO ICHIRYU, NIRYU, SANRYU
© MINORU KIRYU 2021
Originally published in Japan in 2021 by ASUKA PUBLISHING INC.,TOKYO.
Korean translation rights arranged with ASUKA PUBLISHING INC.,TOKYO
through TOHAN CORPORATION, TOKYO and EntersKorea Co., Ltd., SEOUL.

들어가며

◆ 나의 설명 실력은 초등학생 수준이었다

과거에 나는 '왜 그렇지?'라는 상사의 질문에 '그냥 저도 모르게…' 라고 답하거나 '고객 상담은 어땠나?'라는 질문에 '그럭저럭이요…' 라고 답해서 혼이 나곤 했다.

사내 회의에서는 의견을 조리 있게 말하지 못해서 '도대체 무슨 말이 하고 싶은 건가?'라는 질책을 받기도 했다.

제품 설명이 미숙하고 어설펐던 탓에 상담을 시작한 지 5분도 채 되지 않아서 고객에게 '검토해 보겠습니다'라는 말을 듣고 상담을 종료할 수밖에 없었던 적도 있다.

이렇듯 나는 설명의 하수 중에서도 하수였고 좌천도 당했다.

하지만 나는 행운아였다.

주변에 전국 1위를 놓치지 않는 유능한 상사와 동료가 많았기 때문이다. 당시 근무했던 회사는 직원 2,000명 규모의 상장 회사였는데, 그 많은 직원 중에서도 날고 기는 최상층 부류였다.

빠른 두뇌 회전은 물론 몇십 초면 설명을 쓱 하고 대화를 원활하게 이끌어 나갔다. 이런 탁월한 능력 덕분일까? 그들의 이야기에는 다들 자연스럽게 빨려 들어갔다. 듣고 있으면 납득도 갔다. 마치 마법에 걸린 듯 말이다.

이런 유능한 사람들을 항상 곁에 두고 그들을 흉내내다 보니 나도 어느 샌가 전국 1위 자리를 차지할 수 있게 되었다. 그리고 350명의 매니지먼트를 담당하는 자리까지 올랐다.

지금은 '상대방에게 잘 전해지는 대화의 방법', '잘 전달하는 설명의 방법'을 중심으로 비즈니스 스쿨을 운영하고 있다.

◆ 설명의 일류가 되기 위한 책

어떤 분야든 '일류', '최고', '달인'이라고 불리는 사람들이 존재한다. 비즈니스 분야도 마찬가지다.

나는 지금까지 1만 회에 달하는 '상대방에게 잘 전달하는 설명의 방법', '말하기 방법'에 관한 세미나를 진행했다.

그리고 셀 수 없이 많은 비즈니스맨과 경영인을 만나왔다.

세미나와 연수를 진행하다 보면 100명에 1명꼴로 설명하는 데, 탁월한 재주를 가진 사람을 만난다.

'결론부터 말한다.'
'구체적인 근거를 제시한다.'
'포인트는 세 가지로 정리한다.'
이런 수준의 설명이 아니다. 그들은 이를 훨씬 뛰어넘는 최고 수준의 설명 방법을 알고 있고 더 좋은 방법을 위해서 끊임없이 연구한다.

이 책은 그런 설명의 일류가 실천하고 있는 모든 설명의 방법을 수록했다.
그리고 '삼류는 이렇게 한다, 이류는 이렇게 한다, 그렇다면 일류는 어떻게 할까?'의 순서로 집필했다.
또한 누구라도 간단하게 일류의 설명하는 방법을 익힐 수 있도록 구체적인 답을 준비했다. 분명히 당신도 즐겁고 재미있게 그 방법을 익힐 수 있을 것이다.

'설명하는 힘(說明力)'을 기르면 당신의 커뮤니케이션 능력은 눈에 띄게 좋아질 것이다.
분위기에 휩쓸리지 않고 자신이 말하고 싶은 것을 명확하게 언어로 전달할 수 있게 될 것이다. 무엇보다 업무적인 측면에서 좋은 결과가 나타날 것이다.

설명을 잘못해서 고생하는 사람, 자신조차도 무슨 말을 하고 있는지 모르겠는 사람, '그래서 결론이 뭐야?'라는 핀잔을 자주 듣는 사람 등.

이제 안심하길 바란다.

이 책을 읽고 '일류의 설명하는 방법'을 터득하면 분명히 당신도 다른 사람에게 그 방법을 전수할 수 있는 수준까지 올라갈 것이다.

내가 바로 그 증거다. 설명의 하수로 형편없는 영업 실적으로 고생했던 내가 지금은 '상대방에게 잘 전달하는 설명하는 방법', '말하기 방법'을 가르치는 비즈니스 스쿨을 운영하고 있지 않은가? 노력과 재능은 아무 관계없다.

설명을 잘하기 위한 방법론이 있을 뿐이다.

이 책은 '상대방에게 잘 전달하는 설명하는 방법' 세미나의 1만 회분에 해당하는 방법(method)을 응축한 것이다.

분명히 당신의 '설명하는 힘'을 향상시키는 지침서가 될 것이다.

당신도 꼭 설명의 '파워'를 느껴보길 바란다.

그럼 바로 시작하자.

차례

CHAPTER 2 설명의 구조를 짜는 방법

CHAPTER 3 설득력을 높이는 설명

CHAPTER 4 프레젠테이션이나 청중 앞에서의 설명

CHAPTER 5 원격 및 메일을 통한 설명

CHAPTER 6 설명의 일류가 되기 위한 각오

Chapter

1

상대방에게
잘 전달하는 설명

삼류는 생각나는 대로 말하고
이류는 빠짐없이 중복되지 않도록 말한다
일류는 어떻게 말할까?

'MECE(Mutually Exclusive Collectively Exhaustive)'라는 용어를 들어본 적이 있는가?

'빠짐없이 겹치지 않게'라는 의미로 줄여서 '미씨'라고도 부른다. 논리적 사고 분야에서 자주 사용하는 용어다.

가령 전국의 41개 국립대학교를 대상으로 시장 조사를 한다고 하자. 시장 조사를 벌인 곳이 39개 국립대학교라면 2곳이 누락되었다.

연령별 조사의 경우 10대, 20대, 30대, 40대, 중년층으로 나누어 조사했다면 중년층이 다른 연령대와 중복되었다.

이처럼 누락과 중복이 발생하면, 그 자료는 신빙성이 떨어진다. '정확한가?'라는 의심을 사게 된다. 따라서 빠뜨리지 않고 겹치지 않게 설명하는 것이 무엇보다 중요하다.

그런데 '빠짐없이 겹치지 않게 정리할 수 있는 것'과 '빠짐없이 겹치지 않게 설명하는 것'은 전혀 다르다.

예를 들어 면접에서 자기소개를 할 때 '저에 대해서 빠짐없이 겹치지 않도록 말하겠습니다. 15분 정도 시간을 주셨으면 하는데 괜찮을까요?'라고 길게 말한다면…. 틀림없이 그 면접은 낙방이다.

레스토랑에서 와인을 좀 추천해 달라는 고객의 요청에 직원이 선반에 놓인 와인을 이쪽 끝에서 저쪽 끝까지 소개한다면…. 고객은 '그렇게까지 자세할 필요는 없는데'라고 생각할 것이다.

이런 사람이 있을까 싶겠지만 실제로 업무, 즉 비즈니스와 관련된 상황에 놓이면 하나에서 열까지 일일이 설명하려고 드는 사람이 꽤 많다.

따라서 설명할 때는 빠짐없이 겹치지 않게 내용을 정리한 후에 '과감하게 줄여야' 한다.

가령 다음 분기의 사업계획을 설명할 경우이다.

대개는 '다음 분기 사업부 예산은 ○○원입니다'라며 장황한 설명을 이러쿵저러쿵 늘어놓는데, 이는 자료를 보면 바로 알 수 있다. 회의 참석자가 듣고 싶은 것은 '그것을 어떻게 실현시킬 것인지'에 관해서다.

따라서 '회의 주제는 다음 분기의 사업계획에 대해서입니다. 오늘은 실현하는 방법에 중점을 두고 여러분과 의견을 나누고자 합니다'라고 가장 중요한 부분에 초점을 두고 말해야 한다.

만일 연구결과를 발표하는 경우라면 이렇다.

'이번 연구를 통해서 ○○을 알았습니다. 따라서 앞으로 회사가 어떻게 변화를 모색해야 하는지, 회사의 미래에 대해서 명확하게 제시하고자 합니다'라고 말해야 한다.

즉 상대방에게 전달하고자 하는 것에 중점을 두는 것이다. 빠짐 없이 겹치지 않도록 정리하는 것은 당연한 일이다. 내용을 정리한 후에 중요한 부분에 초점을 두는 것, 바로 이것이 일류의 설명하는 방법이다.

과감하게 줄이지 못할 때는 자신에게 이런 질문을 던져보자.

'만일 설명할 시간이 10초밖에 없다면…?'

'한 줄로 짧게 설명해야 한다면…?'

상대방에게 무엇을 전달할 것인가? 이에 대한 답이 바로 중요한 부분이다.

강연에서 '오늘은 제가 태어나서 50세까지 어떻게 살았는지, 제 인생에 대해서 이야기하고자 합니다'라고 말하는 연사는 없다. 대개 '무슨 일이 있어도 이것만은 반드시 청중에게 전달하겠다'하는 하나의 강렬한 메시지를 준비한다.

전달하고자 하는 내용을 과감하게 줄일 수 있기에 비로소 청중에게 전해지는 것이고 청중의 기억 속에 남는 것이다.

'빠짐없이 겹치지 않도록 정리한다. 그리고 과감하게 줄인다!'

설명의 일류가 되고 싶다면 과감하게 줄이는 용기를 기르자.

Road to Executive

 일류는 과감하게 줄이고 중요한
부분에 초점을 맞춘다.

 상대방에게 꼭 전하고 싶은 것으로 시야를 좁힌다.

삼류는 애매모호하게 설명하고
이류는 자세하고 길게 설명한다
일류는 어떻게 설명할까?

'가상통화란 무엇인가?'

이런 질문을 받으면 일단 당황스러울 것이다. 어디선가 들어는 봤지만 막상 누가 설명해 달라고 하면 어렵기 때문이다.

'가상통화란 물품을 구입하거나 또는 노무를 제공을 받은 경우 불특정한 사람과 서로 교환할 수 있는 재산적 가치로 전자 정보 처리 조직을 이용해서 이전이 가능하다.'

이렇게 설명하면 이해할 수 있는 사람이 몇이나 될까?

일류는 설명을 듣는 사람이 머릿속에 구체적인 이미지를 떠올릴 수 없을 때 '대비(對比)'라는 방법을 자주 사용한다. **자세하게 설명하는 것이 아니라 다른 것과 비교하는 방법이다.**

가상통화의 경우 법정통화와 비교한다(*법정통화란 당신이 매일 사용하는 지폐, 화폐를 일컫는다).

항목	법정통화	가상통화
명칭	원, 달러	비트코인, 이더리얼
실체	실재한다	인터넷 상의 돈으로 실재하지 않는다
휴대성	언제든 휴대가 가능	휴대할 필요가 없다
사용처	발행 국가에서는 사용 가능	가상통화 취급점에서 사용 가능
사용방법	그대로 사용할 수 있다	법정통화를 가상통화로 바꿔야 사용 가능

더 많은 것을 설명할 수도 있지만 이미지를 떠올릴 수 없는 사람에게 대충 '가상통화는 이런 것이다'라고 이해할 수 있도록 설명하고자 한다면 이 정도면 충분하다.

조금 더 간단한 예를 들어 보겠다.

"이 영양 보조제를 먹으면 20g의 식이섬유를 섭취할 수 있습니다."

이렇게 설명했는데 상대방이 무슨 뜻인지 전혀 감이 오지 않는다고 한다면 이렇게 설명해 보자.

"우리가 고구마 한 개를 먹으면 5g의 식이섬유를 섭취할 수 있습니다. 그런데 이 영양 보조제는 한 번에 20g을 섭취할 수 있습니다."

고구마와의 대비하는 방법이다.

자녀에게 주의를 줄 때도 '밥은 남기지 말고 다 먹으렴!'이라고 말했는데, 말을 안 듣는다면 이렇게 말해 보자.

"다른 나라에는 10명 중 1명이 먹을 것이 없어서 배를 곯다가 영양실조로 병에 걸리거나 죽는다고 하더라. 밥을 먹을 수 있다는 것은 정말 행복한 일이란다."

다른 나라의 아이와 대비하는 방법이다.

또한 **상품을 설명하는 경우에는 전후(Before→After) 대비가 가능하다.**

"기존의 애플리케이션은 10만 명이 한계였습니다. 그런데 현재 개발된 애플리케이션은 100만 명이나 접속할 수 있습니다."

'10만 명→100만 명'으로 전후를 비교하면 선뜻 이미지를 떠올리기 어려운 사람에게도 얼마나 대단한 개발인지 전달할 수 있다.

상대방이 이미지를 떠올릴 수 없을 때 '좀더 구체적으로 설명해야겠다'라는 생각이 든다면 일단 멈추자. 그리고 다른 것과 비교하는 대비 방법을 활용해 보자. 상대방은 이미지를 떠올리는 데 훨씬 더 수월해질 것이다.

인간은 자신의 머릿속에 이미지를 떠올릴 수 없으면 주저하고 움직이지 않는다. 아무것도 보이지 않는 암흑 속을 걷는 것과 마찬가지로 불안하고 두렵기 때문이다. 하지만 이와 반대로 뭔가를 이미지화할 수 있으면 움직인다.

이를 가능하게 하는 것이 바로 '대비'다.

> # 일류는
> # '대비' 방법으로 설명한다.

 비교와 대비를 통해서 이미지를 명확히 할 수 있다.

삼류는 잘 전달하지 못하고
이류는 자세하게 설명한다
일류는 어떻게 설명할까?

대비와 반대되는 방법이 있다. 바로 '유비(類比)'다.

유비란 비슷한 것과 비교하는 방법이다. 대비와 마찬가지로 설명을 이해하는 데 도움을 준다.

당신은 '후원 시스템(가령 슈퍼챗이나 별풍선 등)'이라고 들어본 적이 있는가?

일반인이 동영상 애플리케이션을 이용해서 라이브 방송을 하면 시청자가 '이 사람 참 괜찮다. 마음에 든다'라며 신용 결제로 후원금을 보내는 시스템을 말한다.

요즘 젊은이들 사이에서 인기다.

이를 전혀 모르는 사람에게 설명할 경우이다.

'○○라는 애플리케이션을 다운받아서 계정을 등록하고 페이팔로 결제해서…'라고 시작한다면 이미 패닉 상태일 것이다. 이런 경우에 '유비'를 활용한다.

"옛날에 디너쇼나 공연을 보러 가서 마음에 들면 종이에 돈을 싸서 던졌잖아요. 그거랑 비슷한 거예요."

이렇게 설명하면 어떤가?

'후원 시스템'을 전혀 모르는 사람도 대강 어떤 것인지 이미지를 떠올릴 수 있다.

유비는 '예시'와도 같다. 유명 연사를 비롯해서 프레젠테이션을 잘하는 사람, 유튜브 채널의 구독자수가 많은 사람 등은 일단 예시를 많이 활용한다.

이들의 유튜브 채널을 꼭 한번 찾아보길 바란다. 유비를 얼마나 많이 활용하고 있는지 깜짝 놀랄 것이다.

유비로 설명할 때 사용하면 좋은 방법이 있다. '예를 들면…', '가령…'이라는 수식어로 대화의 포문을 여는 것이다.

배경지식이 전혀 없는 사람에게 설명할 경우이다.

'클라우드 컴퓨팅 시스템을 개발했습니다. 어떤 사양인지 설명드리겠습니다'라며 본론으로 들어가기 전에 …

'클라우드 컴퓨팅 시스템이란 예를 들어 누가 언제든지 꺼내고 넣을 수 있는 "벽장"과도 같은 것입니다'라고 말한다.

'예를 들면'이라는 수식어로 시작해서 비슷한 것을 언급하는 것이다. 유비는 거의 비슷한(near equal) 관계로 수학 공식으로 표현하면 'A≒B'다. 즉 A를 설명하고 싶을 때 그와 비슷한 B를 언급하면 끝이다. 간단하다.

가령 '아제르바이잔의 바쿠라고 아십니까?'라고 말하면 상대방은 무슨 말인지 잘 모를 것이다.

아제르바이잔은 국가명이다. 바쿠는 아제르바이잔의 수도로 15세기에 건설된 고풍스러운 궁전과 현대식 고층 빌딩이 공존하는 근대 도시다.

'A: 아제르바이잔의 바쿠' ≒ 'B: 일본 교토의 고풍스러움+도쿄의 발전된 모습'으로 '아제르바이잔의 바쿠는 예를 들면 일본의 교토와 도쿄를 섞어놓은 도시라고 할 수 있습니다'라고 말하면 잘 모르는 사람도 대충 어떤 도시인지 이미지를 떠올릴 수 있다.

인간은 알기 쉬운 것을 좋아하는 습성이 있다. 이를 **인지용이성**(認知容易性)이라고 한다. 알기 쉽고 보기 쉽고 이해하기 쉬운 것에 호감을 갖는 것이다. 깊이 생각하지 않아도 되므로 뇌에 과부하도 걸리지 않는다.

이와 반대로 이해하는 데 시간이 걸리는 설명은 뇌에 스트레스를 준다.

상대방의 뇌까지 배려하는 것, 이것이 바로 일류의 영역이다.

Road to Executive

일류는 '유비' 방법으로
설명한다.

 '예를 들어', '가령'이라는 수식어를 사용해서
A≒B를 제시한다.

삼류는 정보를 정리하지 못하고
이류는 일사분면으로 설명한다
일류는 어떻게 설명할까?

학창 시절에 나는 수학을 정말 못했다. 그런데 어른이 되어서 수학이 우리에게 얼마나 큰 도움이 되는지 새삼 깨닫고 있다.

특히 '설명'할 때 고등학교 수학에 나오는 '사분면'은 엄청난 위력을 발휘한다.

사분면은 '**4개의 면으로 나눈 것**'인데 수학 문제를 풀다 보면 X축과 Y축으로 4분할된 그래프를 접하지 않는가? 바로 그것이다. 설명할 때 활용하면 매우 효과적이다.

예를 들어 '운동량이 많은 학생일수록 시험 점수가 높은 경향을 보인다'를 설명한다고 하자.

이때 '운동량이 많을수록 시험 점수가 높다'라는 말만 들으면 이해가 잘되지 않는다. 그래서 이를 다음의 그림과 같이 사분면으로 나타내는 것이다.

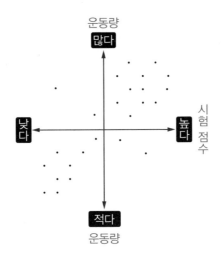

결론을 하나(일사분면)만 보여주는 것보다 사분면으로 설명하는 편이 듣는 사람도 이해하기 쉽다.

사분면으로 설명할 경우 다음의 두 가지 단계를 실행한다.

1단계 : 가로와 세로로 선을 긋는다.
2단계 : 가로와 세로에 대립하는 요소를 넣는다.

가령 출점 후보지를 설명할 때는 경쟁사를 조사해 봤더니 그림의 사분면과 같았다고 하자. 지하철역에서 가깝다고 해서 내방객이 반드시 많다고 장담할 수 없다는 사실을 파악할 수 있다.

따라서 '지하철역에서 떨어진 땅값이 싼 곳이라도 충분히 승산이 있다'라고 설명할 수 있다.

만일 상품을 제안하는 경우라면 사분면의 가로와 세로에 '공급과 가격', '비용과 품질', '희소성과 가치' 등을 삽입한다.

일의 우선순위를 정한다면 사분면의 가로와 세로에 '급박함과 중요도'를 삽입한다. 이처럼 사분면을 활용한 설명 방법은 스티븐 R. 코비가 쓴《성공하는 사람들의 7가지 습관》으로 더 유명해졌다.

일사분면만 보면 시야가 좁다. 하지만 네 개의 사분면을 모두 활용하면 다른 것과의 차이점은 물론 전달하고 싶은 것을 한눈에 보여줄 수 있다.

즉 듣는 이에게 알기 쉽게 설명하기 위한 연출이 가능하다.

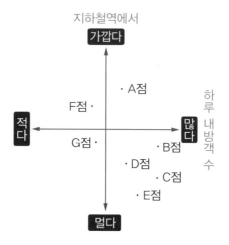

정보를 정리해서 설명할 때도 어떻게 보여줄지, 즉 일류는 듣는 이의 관심을 끄는 방법까지 고민하고 연구한다.

Road to Executive

일류는 사분면을
활용해서 설명한다.

 대립 요소를 활용한다.

삼류는 너무 대략적이라 이해하기 힘들고

이류는 너무 자세해서 듣기 힘들다

일류는 어느 정도로 상세하게 설명할까?

'기껏 설명했는데 설명한 것과 다른 결과가 나왔다.'

누구나 이런 경험이 있을 것이다.

예를 들어 '글자 크기를 조금만 더 크게!'라고 부탁했는데, 글자 크기가 전혀 커지지 않았거나 '이번 제안서는 평소보다 양을 좀 많게!'라고 부탁했는데, 전혀 많아지지 않았던 적 말이다.

언어에 대한 해석이 항상 상대방과 일치할 수는 없다.

완벽하게 일치하려면 하나에서 열까지 일일이 자세하게 설명해야 한다. 그런데 매번 그러려면 지치고 만다.

가령 자료를 작성해 달라고 부탁하는 경우이다.

'파워포인트의 슬라이드 사이즈는 세로 19.5cm, 가로 25.4cm로, 장수는 25~30장으로 해주세요. 출력한 자료를 스테이플러로 찍을 때는 왼쪽 구석에서 2cm 정도 떨어진 곳에…'라고 일일이 설명해야 하는데 바삐 일하다 보면 쉬운 일이 아니다.

설명은 부족해도 탈이고 자세해도 탈이다. 적절히 안배하기란 참 어렵다. 그렇다면 어느 정도에서 선을 그어야 할까?

정답은 '공통 체험을 기준으로 선을 긋는다.'

예를 들어 당신은 '클라우드형 디지털 마케팅'이라는 용어를 듣고 뭔지 알겠는가? 나는 어떤 것인지 이미지가 딱 떠오르지 않는다. 그런데 떠오르는 사람이 있다. 평소에 클라우드를 이용해서 일을 하는 사람이다. 혹은 클라우딩을 사용해본 적이 있는 사람이다.

과거에 함께 일했던 적이 있는 사람이라면 '글자 크기를 작게'라는 말 한마디만으로도 요구 사항이 잘 전달되지만 함께 일했던 적이 없는 사람은 그렇지 않다.

흥미로운 점은 '같은 회사라서 전달이 잘된다', '동종 업계라서 전달이 잘된다'가 아니라는 것이다. **공통 체험이 있어야 잘 전달되고 공통 체험이 없으면 잘 전달되지 않는다.**

예를 들어 같은 회사 안에서도 신입 직원에게는 하나에서 열까지 자세하게 설명해야 한다. 하지만 점차 경험이 쌓여서 공통 체험이 늘어나면 자세한 설명은 더 이상 필요 없다.

이와 반대로 다른 업계라도 인재 파견 회사에서 근무하는 사람에게 노무 이야기를 해도 통하고 보험을 판매하는 사람에게 투자 이야기를 해도 통하기도 한다.

얼마만큼 자세하게 설명할 것인가? 이는 상대방과의 공통 체험에 따라서 달라지는 것이다.

'왜 이렇게 설명해도 모르지?', '보통 ○○라고 하면 ○○잖아!'라고 생각한다면 이는 자신의 체험만을 기준으로 설명하고 있다는 증거다. 그래서 상대방에게 전달되지 않는 것이고 상대방에게는 평범한 일이 아닌 것이다.

반면에 상대방이 알고 있는 부분까지 너무 자세하게 설명하면 '알고 있다고!', '빨리 다음 단계로 넘어갔으면 좋겠다', '너무 길고 장황하다'라고 느낀다. 이는 상대방의 체험 정도를 파악하지 못하고 있다는 증거다.

우리는 캐치볼을 주고받을 때 상대방의 숙련 정도를 확인하는 과정을 거친다. 고교 야구 선수에게 던지는 공과 초보자에게 던지는 공이 같을 수는 없으니까. 대화도 마찬가지다. 평소 대화를 나눌 때 상대방의 수준을 무시한 채 갑자기 강속구를 던지는 사람이 있는데 그런 공은 받기 어렵다.

따라서 **일단 설명을 시작하기 전에 상대방의 수준을 파악해야 한다.** 그러려면 호기심을 갖고 상대방을 알려고 노력해야 한다. 구체적인 질문을 던져보고 공통 체험을 파악해서 설명 수준을 조정해 나가자.

일류는 항상 상대방에게 적합한 수준의 설명을 염두에 둔다. 앞으로는 상대방과 얼마만큼의 공통 체험이 있는지를 꼭 살펴보길 바란다.

Road to Executive

일류는 공통 체험의
수준에 맞춰서 설명한다.

 상대방이 알고 있는 지식의 양을 파악한다.

삼류는 감각치(感覺値)로 설명하고
이류는 구체적인 숫자로 설명한다
일류는 어떻게 설명할까?

'숫자에 약한데….'

혹시 이런 생각을 해 본 적이 있는가?

나는 숫자에 약한 편이라 그 기분을 잘 안다.

그런데 안타깝게도 숫자로 설명하면 설득력이 높아진다. 실제로 그렇다.

'고객의 평가가 높았다'보다 '설문조사에서 82.5%의 고객이 "매우 만족한다"라고 답했다'가 설득력이 있다.

'올림픽체조경기장의 10배입니다', '점유율 10%까지 가능할 것으로 판단됩니다' 등과 같이 숫자를 언급하면 유식하고 똑똑해 보이기도 한다.

그래서 다양한 서적에서 저자들이 '숫자로 말하라'라고 자주 언급하는 것이다.

하지만 일류는 이보다 한 발 더 앞서 나간다. '숫자를 두 개나 사용'한다.

예를 들면 이런 식이다.

"이번 실험에서는 3건의 에러가 발생했습니다. 이는 전체의 2%입니다. 용인할 수 있는 수준이라고 생각합니다. 따라서 실험을 더 진행할 수 있도록 허락을 부탁드립니다."

3건이라는 숫자는 전체의 2%라는 숫자 덕분에 많은 것인지 적은 것인지, 그 판단을 내릴 수 있다.

"이번 분기의 매출 달성률은 102%였습니다. 하지만 이는 전년대비 98%입니다. 원인은….."

일반적으로 경영자는 전년대비를 중시하는 경향이 있다. 단순한 매출액보다 매출 신장률을 더 신경 쓰기 때문이다. 따라서 이때는 이전 분기와 이번 분기, 두 개의 숫자가 필요한 것이다.

이처럼 **일류는 숫자로 설명할 때 기준이 될 다른 숫자를 하나 더 언급한다.** 그러면 듣는 사람에게 훨씬 더 잘 전달된다.

'그렇지 않아도 숫자에 무척 약한데 두 개나…'라는 생각이 들지도 모르겠다.

하지만 숫자로 설명하는 방법은 익숙하느냐, 익숙하지 않느냐의 문제로 누구나 습득할 수 있다.

예를 들어 '이번 여론조사에서는 65%가 반대라고 대답했습니다'

라는 뉴스 보도가 있었다고 하자.

기준이 되는 숫자는?

그렇다. 바로 모수(母數)다. 도대체 몇 명에게 설문조사를 한 것인지, 즉 100명에게 했는지 1만 명에게 했는지에 따라서 신빙성은 전혀 달라진다.

식품의 경우도 포장지에 영양소와 열량이 숫자로 표시된다. 어떤 매장에 '차가운 고구마 100g, 160kcal'라고 표기된 상품이 있었다. 그런데 자세히 살펴보니 상품 중량은 160g이었다.

실제로는 256kcal인 것이다. 이는 삼각 김밥의 약 1.3배에 해당하는 칼로리다.

단편적인 숫자만 보지 말고 다른 숫자를 하나 더 넣어서 판단하는 것, 이를 지속하다 보면 우리 일상에 넘쳐나는 숫자가 점점 눈에 들어올 것이다.

자, 정리하겠다.

숫자로 설명할 때는 기준이 되는 또 다른 숫자를 언급해서 '2개를 1세트=표준(standard)'으로 삼는다.

숫자를 활용한 커뮤니케이션이 가능해지면 당신의 설명 능력은 눈에 띄게 향상될 것이다.

Road to Executive

 일류는 두 개의 숫자를 사용해서
설명한다.

 상대방에게 전달하려는 숫자에
기준이 되는 숫자를 추가한다.

◆ 요약하기

삼류는 요점을 정리하지 못하고 장황하게 설명하고
이류는 어떡해서든 요약하려고 한다
일류는 어떻게 요약할까?

"요점을 잘 정리하지 못해요…."

이런 상담을 자주 받는다.

나도 예전에 그랬다. '이 기획의 포인트는 대체 뭡니까?'라는 질문에 구체적으로 설명하려고 하면 '그래서 어디요?'라는 추궁을 받곤 했다.

질문에 구체적으로 답하려고 했을 뿐인데 '오히려 화를 내다니?'라며 처음에는 이유조차 몰랐다. 그런데 '한마디로 정리하기', '요약하기'의 진짜 의미를 알고서 수수께끼가 풀렸다. **요약한다는 것은 구체화의 반대로 가는 행위를 말한다.**

예를 들면 '저는 붕어빵을 좋아하고 찹쌀떡도 좋아하고 양갱도 좋아하고 초콜릿도 좋아해요'를 짧게 요약하면 '저는 단것을 좋아해요'가 된다.

'저는 옛날부터 야구, 축구, 테니스, 달리기를 좋아했어요'도 한마디로 정리하면 '저는 스포츠를 좋아해요'가 된다.

이제 알겠는가?

요약한다는 것은 '추상화'하는 작업을 뜻한다.

일류는 '한마디로 말하자면?', '요약하자면?'을 빠르게 적용한다. 이는 추상화하는 단계를 잘 알고 있기 때문이다. 어렵지 않다. 두 가지 단계만 거치면 끝이다.

1단계 : 구체적인 항목을 열거한다.
2단계 : 공통점을 파헤친다.

예를 들어 어떤 상품에 이름을 붙인다고 하자. 상품명은 그야말로 그 상품의 구체적인 요소를 열거하고 공통점을 파헤쳐야 얻을 수 있는 것이다. 즉 상품의 특징을 짧게 한마디로 가장 잘 요약한 것이어야 한다.

자, 여기 카스텔라가 하나 있다.

1단계로 구체적인 요소를 모두 열거해 보자. '전용란으로 만들어서 깊은 풍미를 느낄 수 있다', '국내산 꿀을 넣어서 농후한 단맛이 난다', '한 개를 만드는 데 한 시간이 걸린다', '하루에 8개만 한정 판매한다', '가격은 10만 원이다' 등을 열거할 수 있다.

2단계로 공통점을 파헤쳐 보자. 재료는 물론 가격, 만드는 사람의 노고와 열정 등 모든 면에서 최고 수준이다.

이 상품을 한마디로 요약하면 '카스텔라의 왕자'라고 이름을 붙일 수 있을 것이다.

만일 '이 기획의 가장 큰 포인트는 뭡니까?'라는 질문을 받으면

1단계 : 구체적인 항목을 열거한다 → '업계 최초', '틈새시장', '독자적인 개발'

2단계 : 공통점을 파헤친다 → '첫 시도'

1단계와 2단계를 반영하여 '아무도 실현한 적이 없는 것에 대한 도전'이라고 요약할 수 있다.

갑자기 한마디로 요약하려면 쉽지 않다. 일단 1단계로 구체적인 항목을 열거하고 2단계로 공통점을 파헤친다. 이렇게 하면 한마디로 요약된 답일 보일 것이다.

추상화 작업에 익숙해지면 1단계, 2단계를 거치는 속도가 빨라진다. 완벽하게 익히면 자연스럽게 추상화하는 습관이 몸에 밸 것이다. 그렇게 되면 어떤 질문을 받아도 단숨에 한마디로 요약해서 대답할 수 있다.

'구체에서 추상으로!'

한마디로 요약하고자 할 때 슬로건으로 삼자.

Road to Executive

일류는 추상화를
통해서 요약한다.

 구체적인 항목을 열거하고 공통점을 파헤친다.

삼류는 구두로 설명하고
이류는 엄청난 양의 자료로 설명한다
일류는 어떻게 설명할까?

가전제품을 구입하면 꽤 묵직한 두께의 제품설명서가 딸려온다. 당신은 그 설명서를 다 읽는가? 나는 읽지 않는다. 집어 든 순간 읽고 싶은 마음이 싹 사라지고 만다.

이렇게 말하는 나지만 20대에 회사 오퍼레이션을 정리한 절차 설명서를 작성한 적이 있다.

자그마치 3개월에 걸쳐서 작성한 초역작이다. 분명히 모두가 좋아할 거라고 생각했지만 아무도 읽어주지 않았다. 그도 그럴 것이 글자만 빼곡한 500페이지 분량의 설명서를 누가 읽겠는가? 가슴 아픈 경험이었다.

평소에 매뉴얼이나 절차 설명서를 절대 읽지 않으면서 막상 자신이 그런 설명서를 작성한 장본인이 되어서야 남이 읽어주길 바라다니 아이러니한 일이 아닐 수 없다.

절차 설명서란 작업 공정을 정리한 자료다. 회사에서 자주 등장한다.

예를 들어 시스템 사양서, 프로젝트 진행 방법서, 매뉴얼 등 이런 종류의 서면을 가리킨다.

그렇다면 일류는 절차 설명서를 어떻게 작성하고 사람들에게 설명할까?

정답은 '**그림이나 표를 이용해서 설명**'한다. 대개 글자만 꽉꽉 들어찬 설명서는 잘 읽지 않는다. **그림이나 표로 나타내면 훨씬 보기 편하다.**

사람들에게 시험 삼아 다음의 표를 보고 누구의 이야기인지 맞춰 보길 바란다.

어떤가? 간단하지 않은가?(웃음) 일본인이라면 너무나도 잘 아는 모모타로(桃太郎) 이야기다. 약 50페이지 분량의 모모타로 이야기를 표로 나타낸 것이다. 모모타로 이야기를 전혀 모르는 사람이 봐도 이야기 흐름을 쉽게 이해할 수 있다.

1단계	2단계	3단계	4단계
복숭아에서 태어났다	귀신을 잡으러 나섰다	개, 원숭이, 꿩과 친구가 되었다	귀신을 물리치고 보물을 손에 넣었다

글자보다 그림이나 표로 설명하는 편이 이해도가 훨씬 높다. **'그림을 한 장 보여주는 것과 마찬가지로 표로 나타내는 것'**이다.

일류는 시각 접근의 천재다. 인간은 글보다 시각을 통해서 인식하는 편이 정보를 처리하는 데 압도적으로 빠르다.

가령 웃고 있는 모습을 글로 설명한다면 꽤 많은 글자 수가 필요하다.

'지금 내 입꼬리는 위로 올라가 있고 이가 보이고 눈꼬리는 아래를 향하고 있고…'라는 긴 글을 SNS로 보낸다면 어떻겠는가? 상대방이 싫어하지 않겠는가? (웃음) 그래서 우리는 이모티콘을 사용하는 것이다.

끝으로 그림이나 표로 설명할 때의 포인트로 **'도표부터 그릴 것'**, 역으로 말하면 **'글부터 쓰지 말 것'**을 언급하고 싶다.

일단 순서, 흐름, 단계 등 큰 틀을 그린다. 그리고 나서 글로 채운다. 마치 화가가 인물화를 그릴 때와 마찬가지로 전체적인 틀을 그리고 세세한 부분을 채워나가는 것이다. 코부터 그리는 화가가 있는가? 일단 얼굴의 윤곽을 그리고 눈, 코, 입의 위치를 정하고 세세한 부분을 그려 넣지 않는가?

이번 기회에 당신이 근무하는 회사 사내를 꼭 한번 둘러보길 바란다. 글로만 꽉꽉 채워진 자료가 얼마나 많은지 새삼 깨닫게 될 것이다.

Road to Executive

> ## 일류는 그림이나
> ## 표로 설명한다.

 시각을 활용해서 정보를 전달한다.

설명의 구조를
짜는 방법

삼류는 막연하게 설정하고
이류는 설명의 양을 보고 설정한다
일류는 무엇을 기준으로 설정할까?

당신은 설명할 때 시간을 어떻게 설정하는가?

막연하게 설정하는가? 아니면 설명의 양을 보고 설정하는가?

일류는 제일 먼저 상대방의 허용 시간을 살핀다. 즉 '**상대방이 허용해 줄 수 있는 설명 시간이 어느 정도인지**'를 파악하는 것이다.

예를 들어 처음 만난 사람이 갑자기 5분, 10분 길게 자기소개를 한다면 점점 듣기 싫어질 것이다. 보통 자기소개를 하는 데, 허용되는 시간은 1분 정도다.

또한 시간이 없어서 빨리 미팅의 본론으로 들어갔으면 좋겠는데 주저리주저리 잡담만 계속한다면 어떻게 되겠는가?

10분 정도면 된다기에 시간을 내줬는데 영업맨이 갑자기 회사 연혁을 길게 설명한다면 어떻게 되겠는가?

그 거래는 보나 마나 꽝이다.

이런 경우 모두 상대방의 허용 시간을 파악하지 않았을 때 일어나는 사고다.

이런 사고를 미연이 방지할 수 있는 간단한 방법이 있다.

① **즉시 묻는다.**

'오늘 1시간 정도 어떠실까요?', '10분 정도 시간을 내주실 수 있을까요?'라고 확인하는 것이다.

상대방이 '네, 괜찮습니다!', '좋습니다!'라고 흔쾌히 대답했다면 그만큼의 시간을 허용해 주겠다는 뜻이다. '괘, 괜찮습니다만…'은 별로 시간이 없다는 뜻일 수 있다. 그러니 상대방에게 곧바로 물어서 시간을 파악한다.

② **가늠한다.**

상황에 따라서 곧바로 묻지 못하는 경우도 있을 것이다. 그럴 때는 '미루어 짐작'하는 데 최선을 다하는 수밖에 없다. 즉 상대방의 허용 시간을 가늠해 보는 것이다. 예를 들어 '오늘은 날씨가 좋군요!'라고 말을 건넨 후에 상대방의 답변을 들어본다. 그러면 잡담을 좋아하는지 아닌지 알 수 있다. 또한 별로 시간이 없거나 바빠 보일 때는 본론으로 곧바로 들어가고 중요 포인트를 중심으로 설명한다. 그래야 상대방이 좋아한다.

어딘가 불안해하거나 안절부절못하는 사람은 앞뒤 스케줄이 빡

빠한 상황일 수 있다. 첫 대면의 분위기나 표정, 몸짓 등을 통해서 상대방의 상황을 짐작하고 허용 시간을 파악한다.

③ 제시한다.

또한 상황에 따라서 설명할 시간이 ○○분, ○시간 정도 반드시 필요한 경우도 있을 것이다. 이때는 먼저 시간을 제시한다. '오늘 이야기는 60분 정도 걸릴 것 같습니다. ○○○께 아주 중요한 소식이 있거든요'라고 시간이 얼마나 걸릴지 미리 말한다. 그러면 상대방도 안심하고 설명을 들을 수 있다. 만일 시간이 걸리는 이유도 함께 전달할 수 있다면 금상첨화다.

이렇듯 설명하기 전에 '자신에게 얼마만큼의 시간이 허용되는지', 즉 상대방의 허용 시간을 미리 파악하는 것이 중요하다. 이는 상대방을 중심으로 커뮤니케이션이 이루어지고 있다는 증거다. 따라서 상대방에게 신뢰를 얻을 수 있다.

이와 반대되는 것이 자기중심이다. 자신의 기준으로 설명 시간을 설정하는 사람이 있는데 그렇게 하면 곧바로 배려가 없다는 평가를 받고 설명을 시작하기도 전에 아웃이다.

배려 있는 자세는 상대방에게 그대로 전달된다. 상대방의 상황에 맞춘 커뮤니케이션이 일류의 세계로 나아가는 등용문이다.

Road to Executive

 일류는 상대방의 허용 시간을
기준으로 설정한다.

 상대방이 해용해 줄 수 있는 시간을 확인한다.

삼류는 프로세스부터 생각하고
이류는 결론부터 생각한다
일류는 무엇부터 생각할까?

갑작스럽지만 질문을 하나 하겠다.

인터넷 검색창에 '결론부터 말한다'를 치면 몇 건의 기사가 검색될 것 같은가?

정답은 약 1,000만 건이다. '프레젠테이션을 잘하게 된다'가 약 600만 건, '상대방의 마음을 움직이는 대화법'이 약 400만 건이 나온다. 얼마나 많은 사람들이 '결론부터 말하고 싶어 하는지'를 엿볼 수 있다.

실제로 장황하게 설명하는 것보다 결론부터 명확하게 말하는 편이 이해하기 쉽다.

그런데 결론부터 말하는 것이 정말로 좋은 설명 방법일까?

상사에게 '지난번에 부탁한 자료는 다 되었나?'라는 질문을 받았다면 '다 되었습니다' 또는 '아직입니다'라고 결론부터 말할 필요가 있다. 매출 달성에 관한 질문을 받았을 때도 '현재는 ○○입니다'라고 결론부터 전달해야 한다.

그런데 만일 부하 직원에게 갑자기 '내일부터 오후 3시에 퇴근하겠습니다'라는 말을 듣는다면 어떻겠는가? 갑자기 이런 말을 듣는다면 곤란하기 짝이 없을 것이다. 결론보다는 그런 말을 하게 된 배경이나 이유에 대해서 듣고 싶을 것이다. 즉 설명 방법은 상황에 따라서 달라진다.

사람은 자신이 듣고 싶은 것만 들으려는 습성이 있다. 그것이 본성이다. 불필요한 정보를 머릿속에 많이 저장하면 정작 살아가는 데 필요한 중요한 정보를 놓칠 수 있기 때문이다.

그렇다면 일류는 설명할 때 무엇부터 시작할까?

일단 일류는 상대방의 머릿속을 상상하기 시작한다.

예를 들어 매출 달성 상황, 비즈니스 상담 결과, 의뢰한 일의 진척 상황 등⋯ '예, 아니오'가 확실한 것은 결론부터 듣고 싶을 것이다. 이와 반대로 전제나 배경에 대한 설명이 필요한 것은 결론보다는 세부 사항부터 듣고 싶을 것이다.

평소에 '결론은?'이 입버릇인 사람에게는 결론부터 말하고, '근거는?'이 입버릇인 사람에게는 근거부터 제시하고 그다음에 결론을 말한다.

다만 고민 상담의 경우 얼떨결에 결론부터 말해서는 안 된다. 금

물이다. 결론을 원하지 않는 경우가 더 많기 때문이다. 상대방의 이야기를 충분히 들어주고 만일 상대방이 조언을 구한다면 그때 '이렇게 하는 편이 좋을 것 같다'라고 결론을 말하는 것이 좋다.

'상대방의 머릿속을 상상한다'라고 하면 얼핏 어렵게 느껴질지도 모르겠다. 그렇다면 '지금 상대방의 머릿속은 다음의 세 가지 중 어느 것에 해당할지'를 생각해 보자.

① 일단 결론부터 알고 싶다.
② 전제, 배경, 근거 등 세부 사항을 알고 싶다.
③ 아직 결론을 원하지 않는다(이야기를 들어주길 바란다).

분명 이 세 가지 중 어느 것 하나에는 해당할 것이다.

설명이란 알기 쉽게 해명(解明)하는 것이다. 누구에게 해명할 것인가? 바로 '상대방'이다.

그러려면 상대방의 머릿속을 상상할 수 있어야 비로소 설명의 출발점에 설 수 있다.

Road to Executive

> 일류는 상대방의 머릿속부터
> 생각하기 시작한다.

 상대방에 따라서 전달 방법을 바꾼다.

◆ **연역법**

삼류는 설명이 이치에 맞지 않고
이류는 사실을 중시하고 결론을 이끌어 낸다
일류는 무엇을 중시할까?

'말을 논리적으로 잘하는 사람이 되고 싶다'라는 이야기를 자주 듣는다.

논리란 간단하게 말하자면 '말의 이치'다. '모든 인간은 죽는다' → '소크라테스는 인간이다' → '고로 소크라테스는 죽는다'라는 유명한 말이 있다. 이치에 맞는 말이다. 이를 '연역법'이라고 한다. 전제에 해당하는 사실에서 결론을 이끌어 내는 방법이다.

예를 들면 다음과 같다.
【전제】지각하지 않는 사람은 신뢰할 수 있다.
【사실】이몽룡은 한 번도 지각한 적이 없다.
【결론】따라서 이몽룡은 신뢰할 수 있다.
【전제】 → 【사실】 → 【결론】의 순서로 말하면 이치에 맞는 것처럼 들린다.

그러나 연역법에는 매우 큰 약점이 있다. '전제가 틀리면 결론이 파탄'난다.

앞의 예시에서 【전제】인 '지각하지 않는 사람은 신뢰할 수 있다'는 정말로 그럴까?

주변을 둘러보면 지각을 해도 신뢰할 수 있는 사람이 있지 않은가? 매번 회의에 늦게 등장하는 사장이라도 신뢰할 수 있는 사람도 많다. 애초에 신뢰에 대한 정의가 사람마다 각기 다른 것이다. 이렇게 전제가 무너지면 '이몽룡은 지각하지 않으니까 신뢰할 수 있다'라고 말할 수 없다.

상대방과 전제가 다르면 결론도 바뀐다. 여기가 중요 포인트다.

따라서 일류는 **연역법을 사용할 때 무슨 일이 있어도 상대방과 전제를 일치시키려고 노력한다.** 일치하지 않으면 앞으로 나아갈 수 없기 때문이다.

예를 들어 '나는 지각하지 않는 사람은 신뢰할 수 있다고 생각하는데 ○○ 씨는 어떻게 생각하세요?'라고 상대방과 전제를 일치시키는 작업을 한다. 전제에 대한 상대방의 납득을 얻은 후에 그다음 사실 그리고 마지막 결론으로 나아간다.

다른 예를 하나 더 들어 보겠다.

남편에게 화장실 청소를 부탁할 때 연역법으로 말한다면 이런 식이다.

"화장실을 깨끗하게 청소하면 좋은 기운이 들어온다고 하잖아"(전제)

"○○ 사장도 하루도 쉬지 않고 화장실 청소를 한다고 하더라고"(사실)

"그러니 당신도 화장실 청소를 해보는 게 어때?"(결론)

이때도 역시 포인트는 전제다. 남편이 '좋은 기운이 들어온다는 말을 들은 적이 없다', '그렇게 생각하지 않는다'라며 아내가 제시한 전제를 납득하지 못하면 어떤 말을 해도 남편은 화장실 청소에 응해주지 않을 것이다. 따라서

"화장실 청소를 하면 좋은 기운이 들어온다는데 혹시 들어본 적 있어?"

"화장실 청소를 하면 왠지 스트레스가 해소되는 것 같지 않아?"

"마쓰시타 전기의 창립자인 마쓰시타 고노스케도 그렇게 화장실 청소를 좋아했다지?"

등 일단 '화장실 청소를 하면 좋은 기운이 들어온다' → '응, 그런 것 같다'라고 **전제를 일치시켜야 한다**. 그런 후에 사실, 결론으로 나아간다.

반대로 상대방의 논리를 무너뜨릴 때는 전제를 확인하는 것이 가장 효과적인 방법이다. '반드시 그렇다고는 할 수 없지 않나요?', '애초에 그 전제가 맞습니까?'라고 따지는 것이다.

연역법으로 설명하면 이치에 맞는 것처럼 들린다. 다만 만능은 아니다. 약점을 보완해서 최강으로 만들려면 '상대방과 전제를 일치'시키는 과정을 반드시 거쳐야 한다.

Road to Executive

> **일류는
> 전제를 중시한다.**

 연역법의 결점을 꿰뚫어 보고 대책을 세운다.

◆ 귀납법

삼류는 아무 근거도 없이 말하고
이류는 사실을 열거하며 말한다
일류는 어떻게 말할까?

논리적인 말하기 방법으로 한 가지 더 유명한 것이 있다.

바로 '귀납법'이다. 귀납법이란 여러 개의 사실에서 결론을 이끌어 내는 방법이다.

예를 들면 다음과 같다.

【사실】〈귀멸의 칼날〉이 대히트를 쳤습니다.

【사실】〈주술회전〉이 대히트를 쳤습니다.

【사실】〈신 에반갤리온 극장판〉도 대히트를 쳤습니다.

【결론】현재 예전에 없던 애니메이션 붐이 일고 있습니다. 우리도 애니메이션 요소를 결합한 상품을 개발하는 것이 어떻겠습니까?

여러 개의 사실을 열거한 후에 결론을 제시하는 것이 귀납법이다.

그런데 귀납법에도 약점이 있다. '설령 복수의 사실이 존재하더라도 반드시 결론이 옳다고 말할 수 없다'는 것이다. 애니메이션이 인기라고 해서 반드시 그런 애니메이션 요소를 결합한 상품이 불티나게 팔릴 거라고 장담할 수 없지 않은가?

예를 들어 친구에게 '연봉을 올리고 싶다'라는 고민을 털어놓았더니, '러닝 전문잡지가 실시한 설문조사를 보면 황궁(일왕이 거주하는 곳) 주변을 조깅하는 남성의 절반 이상이 연봉 700만 엔 이상이래. 그러니까 너도 한번 황궁 주변을 뛰어보는 건 어때?'라는 조언이 돌아왔고 하자.

물론 친구가 조언을 해주는 것은 고마운 일이다. 하지만 이런 조언은 별로 도움이 되지 않는다. 왜냐하면 실제로 '황궁 주변을 뛰는 사람의 연봉이 높다'라는 자료가 있기는 하지만 황궁 주변을 뛰지 않는 사람 중에도 연봉이 700만 엔 이상인 사람이 많다. 그리고 연봉을 올릴 수 있는 다른 방법도 있으니까.

그렇다면 어떻게 해야 할까?

사실 '**귀납법은 결국은 가설에 지나지 않는다.**' 아무리 여러 개의 사실을 늘어놓아도 반드시 결론이 옳다고 장담할 수 없다. 신빙성을 높이려고 100개, 200개의 사실을 열거한다면 그것만큼 곤란한 일은 없다. 따라서 가설로 결론을 말할 수밖에 없다.

가설로 결론을 말한다는 것은 다음과 같다.

【사실】최근에 당질, 지질, 단백질 등 3대 영양소에 관한 이야기를 자주 듣습니다.

【사실】위장을 쉽게 하려고 반나절 가량 간헐적 단식을 하는 사람도 늘고 있습니다.

【사실】글루텐 프리(밀가루를 뺀 식사)에 대한 서적도 인기를 모으고 있습니다.

【결론】지금은 예전에 없었던 건강식 열풍이 불고 있다고 생각합니다.

【사실】김선달 사장은 새벽 5시에 일어납니다.

【사실】홍길동 부장도 새벽 5시에 일어납니다.

【사실】제 친구도 새벽 5시에 일어납니다. 친구도 역시 일을 잘합니다.

【결론】제가 아는 한 아침에 일찍 일어나는 사람은 유능한 것 같습니다.

'~라고 생각합니다', '~한 것 같습니다', '~ 경향이 있는 것 같습니다'는 모두 가설이다.

귀납법으로 주장하면 '반드시 그렇다고 장담할 수 없지 않은가?'라는 지적을 당할 가능성이 크다.

따라서 복수의 사실이 존재한다고 해서 과신해서는 안 된다. 말(단어)의 세세한 부분까지 용의주도하게 살피는 것이 일류다.

Road to Executive

 일류는 복수의 사실을 열거한 후에
가설로 전달한다.

 귀납법의 결점에 대한 대비책을 마련한다.

삼류는 문제를 파악하지 못하고
이류는 문제를 분해해서 생각한다
일류는 어떻게 생각할까?

'로직컬 씽킹(Logical Thinking, 논리적인 사고)의 왕'이라고 해도 과언이 아닌 존재, 그것이 바로 '로직 트리'다. 상황을 파악하거나 문제를 해결할 때 사용하는 프레임 워크다.

예를 들어 '숙면을 도와주는 영양 보조제'를 판매한다고 하자. 고객에게 무엇을 설명해야 할까? 로직 트리를 사용해서 파악해 보자.

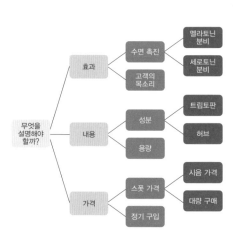

그림과 같은 세부 요소(要素)를 미리 사전에 파악할 수 있다면 고객이 듣고 싶어 하는 것을 놓치지 않

을 수 있다. 또한 메인으로 무엇을 내세울지도 결정하기 쉽다.

'무엇을?'을 분해하는 것. 이것을 'What: 요소 분해의 트리'라고 한
다. 요소를 망라해서 파악하는 데 사용한다.

그런데 영양 보조제가 생각만큼 팔리지 않았다고 하자. 상사가
'왜 팔리지 않았는지'에 대해서 설명해 달라고 한다면?

이때도 역시 로지컬 씽킹을 사용해서 파악한다.

명확하게 원인을 파악하면 해결책이 보이기 시작한다.

'왜?'를 분해하는 것. 이를 'Why: 원인 추궁의 트리'라고 한다.

문제에 대해서 원인을 열거하고 근본적인 원인을 규명할 때 사용
한다.

가령 가장 큰 원인이 '상품이 잘 알려지지 않았다'라고 하자. 상사가
'어떤 대책을 마련할 것인지'에 대해서 설명해 달라고 한다면?

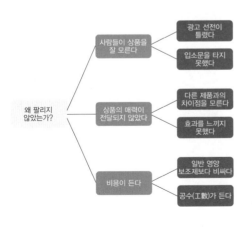

이때도 로직 트리를
사용한다.

모든 대책을 모색해 보
고 그중에서 해결책을 선
택해야 임기응변식의 대
처를 피할 수 있다.

'어떻게?'를 분해하는 것. 이를 'How: 문제 해결의 트리'라고 한다. 해결하고 싶은 문제에 대해서 대책을 열거하고 해야 할 일을 발견할 때 사용한다.

어떤 질문이든 질문을 받은 즉시 최적의 답을 내놓는 사람이 있다. 로직 트리와 같이 전체적인 모습을 조망하고 있기 때문이다.

일류라 불리는 사람일수록 그런 트리를 초고속으로 그려낸다. 게다가 상황에 따라서 세 가지 트리를 나누어 사용할 줄 안다.

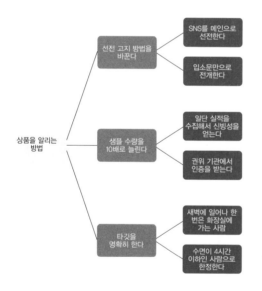

익숙해지면 3분 만에 로직 트리를 그릴 수 있다. 더 익숙해지면 머릿속으로 그리고 정리할 수 있다. 자, 당신도 로직 트리를 자유자재로 조작하고 최적의 답을 이끄는 사고 회로를 길러보지 않겠는가?

Road to Executive

일류는 세 종류의 로직 트리를
구사하고 생각한다.

 What, Why, How의 트리를 상황에 따라서
나누어 사용한다.

◆ 체계적으로 요약하기

삼류는 이야기가 따로 놀고
이류는 어떡하든 정리해서 요약하려고 한다
일류는 어떻게 요약할까?

갑작스럽지만 '2021년 유행어 대상'이라고 하면 무엇일까?

정답은 '3밀(密)'이다. 환기가 잘되지 않는 곳은 피하자. 사람이 많이 모인 곳은 피하자. 상대방과 손이 닿을 정도로 가까운 거리는 피하자. 2021년은 밀폐, 밀집, 밀접으로 '3밀'이라는 슬로건이 전국적으로 확대되었던 한 해였다.

이를 요약하면 다음과 같다.

3밀		
밀폐	밀집	밀접
환기가 안 되는 곳	사람이 많이 모인 곳	서로 손이 닿을 가까운 거리

사람들에게 잘 전달되는 짧은 한 줄이나 말 한마디는 그것 자체가 모든 것을 축약하는 훌륭한 말인 것은 물론이거니와 그것에 담긴 생

각이 놀랄 만큼 체계적으로 잘 정리되어 있다.

이는 유행어에만 국한되지 않는다. 멘탈리스트 'DaiGO'가 만든 동영상 발신 서비스 'D라보'도 마찬가지다.

지식의 넷플릭스(Netflix)		
증거(evidence)	사용의 편리함	시간
과학적인 근거에 기초한 동영상을 무제한 시청	궁금한 부분부터 언제든 재생 가능	음성으로도 즐길 수 있어서 틈새 시간을 유용하게 활용 가능

전달에는 체계적으로 잘 정리되어 있어서 폭발적인 인기를 끌고 있다. 또한 체계적으로 잘 정리되어 있기에 상대방에게 잘 전달되는 것이다.

'체계적으로 요약하고 정리하는 데 서툴다…'라고 생각하는 사람도 있을 텐데 걱정할 필요 없다. 괜찮다. 정리의 구조를 알면 된다. 바로 '**총론 → 각론 → 구체론**'이다.

총론		
각론	각론	각론
구체론	구체론	구체론

예를 들어 제안 내용을 정리할 경우 '총론=상품명', '각론=예산, 납

기, 품질', '구체론=예산은 ○○엔, 납기는 ○○까지, 품질은 ○○레벨'과 같이 채워나간다.

이렇게 하면 된다. 매번 정리하고 요약할 것이 아니라 정리의 구조를 기억하면 된다.

간단하다.

마치 도시락통에 칸막이를 넣어서 반찬을 채워 나가는 것과 같다. 칸막이가 없으면 밥과 반찬이 뒤섞여 곤죽이 되지 않는가? 설명도 마찬가지다.

명확하게 구획을 나누지 않으면 이야기에 두서가 없고 뒤죽박죽이 되고 만다.

일류는 단숨에 이야기를 정리하고 요약한다. 이는 정리의 구조를 잘 알고 있기에 가능한 것이다. ₩

Road to Executive

>
>
> # 일류는 '총론 → 각론 → 구체론'의 구조로 정리한다.

 전체적인 구조부터 익힌다.

◆ 급박한 보고

삼류는 말문이 막혀서 버벅대고
이류는 '소감'을 전달한다
일류는 무엇을 말할까?

상사에게 급작스럽게 보고하라는 지시를 받으면 당황스럽지 않을 수가 없다.

가령 '어제 ○○회사는 우리한테 의뢰할 것 같은가?'라는 질문을 받았을 때….

'○○회사요? 그, 그게…, 그러니까…'라며 우물쭈물한다면 그 시점에서 상사의 분노 스위치는 '온(ON)'이다.

만일 이런 화를 면하려고 어떡하든 대답하려고 노력했다고 하자.

상사: "○○회사는 우리한테 의뢰할 것 같은가?"

부하: "검토를 좀 해보겠다고 합니다."(즉답)

상사: "검토라니 뭘 말인가?"

부하: "가격이 좀 그런가 봅니다."(즉답)

상사: "가격에 대해서 무슨 언급이 있었나?"

부하: "아니요, 그런 언급은 없었습니다. 그런데 가격을 봤을 때 표정이 좋지 않았습니다."(분위기가 조금 이상해졌다.)

상사: "그렇다면 도대체 뭘 검토한다는 거지?"

부하: "다른 곳도 좀 보고 검토하고 싶은 것이 아닐까요…."(분위기가 상당히 이상해졌다.)

상사: "다른 곳이라니 어디 말인가?"

부하: "그건 듣지 못했습니다…."(상담을 잘하고 온 건지 의심의 눈초리를 받는다.)

상사의 질문에 즉시 답하려고 노력해도 '검토하고 싶은 것 같다', '가격이 좀 그렇다' 등 자신의 소감을 말하는 것은 보고가 아니다.

보고란 상황과 결과를 말하는 것이다. 즉 '사실'이다. 실제로 있었던 일을 전달해야 한다.

지극히 당연한 것인데 갑작스럽게 질문을 받으면 어떡하든 대답하려는 마음에 느낀 점이나 감상을 말하고 만다.

지금이야 이런 책을 쓸 정도로 성장했지만 나도 20대 무렵에는 '그건 자네 소감이지 않은가!'라며 상사의 분노를 사기 일쑤였다. 있는 그대로의 사실을 전달하는 것은 그리 어려운 일이 아니다. 하지만 갑자기 질문을 받으면 당황하게 되고 침착하게 대답하기 어렵다. 이를 숨기기 위해서 필사적으로 뭔가를 이야기하려고 하면 오히려 최악의 상황에 빠진다.

나는 그런 경험을 여러 번 해봤다.

앞의 예시에서 사실이란 '계약을 따냈는지 따내지 못했는지', '고객이 무슨 말을 했는지'다. 이런 사실을 바탕으로 '그 자리에서는 정하지 못했습니다(사실). 다른 회사와 비교하고 싶다고 했습니다(사실). 비교하고 싶은 부분이 무엇인지 확인해 보니 가격이라고 언급했습니다(사실)'라고 보고한 후에 자신의 소감을 이야기해야 한다.

'가격만 맞으면 수주할 수 있다고 생각합니다(소감)',

'견적을 다시 제출해서 검토를 받을까 합니다(소감)'라고.

보고할 때는 '사실 → 소감'의 흐름으로 말한다.

보고는 비즈니스맨에게 기초 중의 기초다. 그런데 실제로 소감과 사실을 뒤섞어서 보고하는 사람이 많다. 보고는 상대방이 알기 쉽게 전달해야 하고 사실과 소감을 명확하게 구분해야 한다. 이런 기초를 철저히 지키는 사람이 바로 일류다.

Road to Executive

 일류는 '사실 → 소감'의 순서로
말한다.

 보고하기 전에 '사실'과 '소감'을 나눈다.

◆ 길을 안내할 때

삼류는 그 자리에서 도망치고
이류는 현 위치부터 설명한다
일류는 어떻게 설명할까?

돌발 질문을 하겠다. 당신은 길 안내를 잘하는가? 사실 길 안내에도 설명 실력을 향상시킬 수 있는 힌트가 숨어 있다.

가령 다음과 같이 길을 안내 받았다면 당신은 어떻겠는가?

"저~기 저 길을 따라서 곧장 가서 두 번째에서 왼쪽으로 꺾고 약국을 오른쪽에 끼고 돌아서 그대로 가면 있어요."

'저~기 저 길?', '두 번째?', '그대로?' 도통 무슨 말인지 알아들을 수 없을 것이다.

알아듣기 어려운 설명은 이렇다.

① 목적지까지 이미지를 그릴 수 없다.

② 추상적이라서 잘 모르겠다.

이런 상황을 초래한다.

그렇다면 다음과 같이 길 안내를 받았다면 어떻겠는가?

"걸어서 약 5분 정도 걸려요."(일단 목적지까지의 이미지를 그린다.)

"눈앞에 보이는 저 길을 따라서 쭉 걸으세요. 그리고 두 번째 신호에서 왼쪽으로 꺾으세요. 그리고 나서 10미터 정도 더 가면 오른편에 약국이 나올 겁니다. 그 약국을 오른쪽으로 끼고 돌면 목적지가 나옵니다."(구체적으로 전달한다.)

이런 안내라면 목적지까지 어떻게 가면 좋을지 이미지를 쉽게 그릴 수 있을 것이다.

나는 코로나바이러스 감염증-19(COVID-19)가 발생하기 이전에 출장으로 자주 호텔에 투숙했다. 그럴 때면 호텔 프런트에 종종 길을 물어보곤 했는데, 길 안내를 부탁하면 호텔 직원이 제일 먼저 하는 행동이 있다. 어떤 행동일 것 같은가? 바로 '지도'를 보여준다. 그리고 목적지를 가리킨 후에 구체적인 설명을 시작한다. 어느 호텔에서든 마찬가지다.

이외에도 길 안내를 부탁받은 파출소 순경도 그 지역에 대해서 잘 모르는 사람에게는 일단 '대충 어른 걸음으로 ○분 정도 걸린다'라고 말한다. 자동차 내비게이션도 일단 '목적지까지 ○분 걸립니다'라고 안내한다. 그런 다음에 자세하게 길 안내를 해준다.

① 목적지까지 대강의 이미지를 떠올리게 한다.

② 그런 후에 구체적인 설명에 들어간다.

그야말로 설명의 기본이다. 큰 것에서 작은 것으로 옮겨가는 순서다.

이를 일반적인 설명론에 대입하면 '개론(槪論)에서 세론(細論)의 순서로 설명한다'라고 말할 수 있다.

아무것도 모르는 사람에게 갑자기 세론부터 설명하면 패닉 상태에 빠지고 말 것이다.

나 역시 신입 시절에 근무하던 회사에 대해서 설명하는 데 꽤 애를 먹었다. 왜냐하면 내가 몸담았던 회사는 인재 파견 회사였는데, 지금이야 많이 알려졌지만 20년 전만 해도 인재 파견이라고 말하면 하나같이 '그게 뭐예요?', '무슨 회사요?'라고 물었기 때문이다. 그러면 나는 자세하게 설명하려고 애를 썼는데 열에 아홉은 무슨 말인지 모르겠다는 표정으로 멍하니 나를 쳐다보곤 했다. 그래서 나는 차츰 설명 방법을 바꿨다.

"은행과 비슷한 거랍니다."(개론)

"필요할 때 바로 투입할 수 있는 전투 인력을 제공하는 회사입니다."(세론)

일하다 보면 '○○는 뭡니까?'라는 질문을 받는다.

이때 세론부터 자세하게 설명하려고 한다면 일단 멈추자. 상대방이 한 번에 쉽게 이해할 수 있도록 먼저 개요를 파악하도록 돕는다. 그런 다음에 세세한 부분을 말하자.

이것이 일류의 철칙이다.

Road to Executive

> ## 일류는 목적지부터
> ## 설명한다.

 '개론 → 세론'의 흐름으로 설명한다.

Chapter 3

설득력을
높이는 설명

삼류는 설득하는 설명의 흐름이 없고
이류는 PREP법을 활용해서 설명한다
일류는 어떻게 설명할까?

혹시 'PREP법'이라고 들어봤는가? 설득력이 있는 이야기의 흐름으로 비스니스 업계에서는 상당히 유명한 프레임이다. '결론(Point) → 이유(Reason) → 구체적인 예시(Example) → 결론(Point)'의 순서로 말하는 방법인데, 전달하고자 하는 메시지가 명확하게 정리되어 설득력을 높일 수 있다.

다이어트를 시작하려는 사람을 예로 들어 보겠다.

결론(Point): "다이어트 식단으로 고등어찜(저염)을 추천합니다."

이유(Reason): "왜냐하면 고등어찜에는 당질이 낮고 단백질이 높기 때문입니다."

구체적인 예시(Example): "고등어찜은 당질이 0.6g으로 제로에 가깝고 단백질은 30g으로 풍부합니다. 단백질은 근육 형성의 밑바탕이 되므로 대사가 높아지고 살이 잘 빠지는 체질을 만들어 주죠.

게다가 통조림은 가격도 저렴하고 어디서든 구입할 수 있습니다. 그래서 고등어 통조림 하나만 있어도 훌륭한 다이어트 식단이 된답니다."

결론(Point): "다이어트에 아주 좋은 식품이니 꼭 한번 드셔보세요. 고등어찜을 강력 추천합니다."

이렇게 PREP법으로 이야기하면 명확한 결론과 이유, 구체적인 예시가 있어서 듣는 사람은 쉽게 이미지를 떠올릴 수 있다.

그런데 일류는 이를 훨씬 더 앞선다. **상대방에 따라서 PREP법의 순서를 바꾸는 것이다.**

예를 들면 영업맨이 '영업 지역을 한정하고 싶다'라며 상사에게 제안했다고 하자. PREP법의 순서를 충실하게 따르면 다음과 같다.

결론(Point): "저의 담당 영업 지역을 서울특별시 강남구로 한정하고 싶습니다."

이유(Reason): "왜냐하면 영업 효율이 더 좋기 때문입니다."

구체적인 예시(Example): "강남구로 한정하면 하루에 5건이나 방문할 수 있지만 지금의 방침대로라면 고작 3건이 한계입니다."

결론(Point): "따라서 저의 담당 영업 지역을 강남구로 한정하고자 합니다."

결론이 명확하고 전달하고자 하는 메시지가 잘 정리되어 있어서 꽤 설득력이 높아 보인다. 다만 상사가 어떤 사람이냐에 따라서 '영업 지역을 한정하고 싶다'라는 결론부터 듣고 '그런 소리 할 시간이 있으면 영업이나 더 열심히 하게!'라고 쏘아붙일 수도 있다.

그래서 일류는 상대방에 따라서 구체적인 예시(Example) → 이유(Reason) → 결론(Point)으로 순서를 바꾸어 말하기도 한다.

구체적인 예시(Example): "제가 영업을 더 효율적으로 할 수 있는 방법을 모색해 봤는데요. 예를 들어 강남구로 담당 영업 지역을 한정하면 하루에 5건이나 방문이 가능합니다. 지금 방침대로라면 3건이 한계입니다."

이유(Reason): "담당 지역을 한정하면 영업 효율이 더 높아지는 것이죠."

결론(Point): "그래서 저의 담당 영업 지역을 강남구로 한정하고 싶은데 어떻게 생각하십니까?"

전자가 직구였다면 후자는 부드러운 변화구라고 할 수 있다.

PREP법은 비즈니스 업계의 왕도(王道)로 알려져 있는데, 앞의 예시처럼 상대방에게 메시지를 전달하는 것이 목적이라면 주저 없이 순서를 바꿔도 괜찮다. 기존의 틀에 얽매이지 않는 것이 일류의 발상이다.

Road to Executive

> 일류는 PREP법의
> 순서를 바꾸어 설명한다.

 상대방을 납득시키려면
언제든 순서를 바꿀 수 있다.

삼류는 해야 할 일을 설명하고
이류는 목적을 설명한다
일류는 무엇을 설명할까?

'회사의 장기 비전을 실행에 옮긴다', '새로운 프로젝트를 기획한다', '사내 규칙을 변경한다', '지역 행사를 개최한다' 등 규모가 큰일은 혼자서 실현시킬 수 없다. 동료와 여러 관계자에게 설명하고 협력을 얻어야 한다.

그럼 협력을 얻으려면 무엇부터 설명하고 전달해야 할까?

정답은 '목적'이다. 즉 '무엇을 위해서 그 일을 하고자 하는지'를 전달해야 한다.

만일 밑도 끝도 없이 상사에게 '오늘 오후까지 이 기획서를 마무리해라'라는 말을 듣는다면 어떻겠는가? 일할 의욕이 사라질 것이다. 게다가 '군소리 말고 지시나 따르게'라는 말을 듣는다면 반발심마저 생길 것이다.

따라서 목적을 전달하는 것이 매우 중요하다.

그럼 목적을 전달하면 모든 사람이 협력해 줄까?

그렇지 않다.

현실은 그리 녹록하지 않다.

예를 들어 사장이 회사를 창업한 목적과 이념, 비전, 미션 등을 직원들에게 전달한다고 해서 모든 직원이 감동하거나 자발적으로 움직이지는 않는다.

소위 말하는 '피리를 불어도 춤추지 않는 일'이 있다.

또한 뭔가를 설명할 때 '항상 목적부터 이야기하지만 좀처럼 사람들이 협력해 주지 않는다'라는 푸념도 듣는다.

목적을 전달했는데도 사람들이 움직이지 않는 이유는 단 한가지다. 바로 '목적과 개인의 관계성이 희박하기 때문'이다.

아무리 이치에 맞는 선한 목적을 이야기해도 그것이 본인(개인)에게 어떤 영향을 미칠지 구체적으로 떠올릴 수 없다면 사람은 의욕을 갖고 움직이지 않는다.

예를 들어 '업계의 혁신을 일으키기 위해서 이번 프로젝트를 기획했습니다'라고 말해도 그 프로젝트가 실현되어서 자신에게 어떤 일이 일어나는지를 구체적으로 떠올릴 수 없다면 의욕의 불꽃은 피어오르지 않는다.

프로젝트가 실현되면 '많은 기술을 익힐 수 있다', '많은 사람들에게 감사를 받을 수 있다', '생활이 풍요로워진다', '역사에 이름을 남길 수 있다' 등 개인에게 이득이 되는 어떤 연결고리가 있어야 한다.

사람의 마음을 움직이는 최고의 퍼포먼스 사례로 스티브 잡스의 프레젠테이션이 자주 언급되는데, 그는 어떻게 청중의 마음을 사로잡았을까?

바로 청중과의 관계성을 구축했기에 가능했다.

예를 들어 아이폰(iPhone) 프레젠테이션의 경우 '아이폰을 사용하면 자신이 어떤 일을 할 수 있는지', '어떤 미래가 자신을 기다리고 있는지' 등 청중에게 이런 다양한 이미지를 떠올릴 수 있도록 만들었고 기대와 설렘을 선사했다. 개인의 사생활과 깊은 연관성을 구축한 순간이다.

목적은 혼자 따로 놀지 않는다. 목적과 개인의 관계성이 강해졌을 때 비로소 그 광기를 발휘한다.

실현하고자 하는 것을 설명할 때는

- 목적 = 무엇을 위해서 그것을 하는가?
- 개인에 대한 관계성 = 그것을 실현하면 자신에게 어떤 일이 일어나는가?

이 두 가지가 청중에게 충분히 잘 전달된 순간 각성이 일어나고 폭발적으로 움직이는 때가 찾아온다.

Road to Executive

일류는 목적과 개인의 관계성을 설명한다.

 상대방이 얻을 수 있는 이득을 충분히 전달한다.

삼류는 침묵하고
이류는 상대방에 맞춰서 타협한다
일류는 어떻게 대응할까?

일하다 보면 의견이 맞지 않아서 서로 대립하는 경우가 종종 발생한다.

결론부터 말하겠다. 의견이 대립한다면 '팩트(fact)'로 승부를 걸자. 여기서 말하는 팩트는 사실이다. 즉 실제로 있었던 사건이나 숫자다.

백곰이 하얀 것은 사실이다.

〈귀멸의 칼날〉이 대히트를 친 것은 누가 봐도 명백한 사실이다. 무려 400억 엔의 흥행 수입을 기록하며, 〈센과 치히로의 행방불명〉을 꺾고 역대 1위를 차지했으니 말이다.

회사에서 '왠지 잘 팔릴 것 같다'라고 말하는 것과 '1,000명을 대상으로 실제로 사용해 보도록 실험한 결과 80%가 곧바로 갖고 싶다고 대답했다'라고 말하는 것은 설득력 측면에서 차원이 다르다. 역시 팩트를 이길 것은 아무것도 없다.

최근 'note'라는 미디어 플랫폼이 폭발적인 신장세를 보이고 있다. 이를 자신의 회사에도 활용하고 싶다는 생각에 "우리 회사도 note를 사용해서 소비자들에게 다가가 봅시다. 왜냐하면 유행하고 있으니까요"라고 말한다면 설득력은 제로다.

팩트에 기초해서 말하면 설득력이 높아진다.

"최근 1년 사이에 라인(LINE) 이용자 수는 7,900만 명에서 8,200만 명으로 증가했습니다. 페이스북(Facebook)은 2,900만 명에서 2,600만 명으로 하락세입니다. 인스타그램(Instagram)은 2,900만 명에서 3,300만 명으로 상승세입니다. 그리고 최근 1년 사이에 1,000만 명에서 6,000만 명으로 폭발적인 신장세를 기록하고 있는 플랫폼이 있습니다. 바로 note입니다. note를 사용하면 더 많은 사람들에게 다가갈 수 있습니다. 우리 회사도 꼭 한번 활용했으면 합니다. 어떻게 생각하시나요?"

일류가 설득력이 높은 이유는 수많은 팩트에 기초해서 설명하기 때문이다.

보도 프로그램에 자주 출연하는 2찬네루(일본 최대의 인터넷 게시판 사이트)의 창업자인 니시무라 히로유키(西村博之)와 정치평론가인 하시모토 도루(橋下徹), 히가시코쿠바루 히데오(東国原英夫) 등의 코멘트를 음미해 보면 '팩트에 기초해서 지론을 전개한다'는 사실을 발견할 수 있다. 이들은 상당히 설득력이 높아서 보도 프로그램의 인기 게스트다.

다시 원래 이야기로 돌아와서 의견이 대립한다면 다음의 두 가지를 반드시 실천한다.

첫 번째는 당신의 팩트를 명확히 한다.

○○라고 주장하는 것은

- ○○라는 조사 결과가 나왔기 때문입니다.
- ○○라는 숫자를 기초로 산출한 것입니다.
- ○○회사의 ○○씨가 ○○라고 말했기 때문입니다.

이렇게 사실에 기초해서 논진을 펼친다.

두 번째는 상대방의 팩트를 확인한다.

역으로 상대방은 어떤 팩트를 가지고 있는지를 알아보는 것이다.

다만 너무 직설적으로 물으면 상대방의 기분을 상하게 할 수도 있으니 '괜찮으시다면 그렇게 말씀하시는 이유를 조금만 더 구체적으로 말씀해 주실 수 있을까요?', '제가 정보도 부족하고 실력도 부족해서 그런데 그런 데이터가 나오기도 하나요?'라고 물으면 서로 날카로운 신경전을 벌이지 않아도 된다.

일류는 아닌 것은 아니라고 말할 수 있는 배짱이 있다. 이는 팩트를 손에 쥐고 있기 때문이다.

Road to Executive

> 일류는
> 팩트로 승부를 건다.

 사실을 열거하고 의견을 말한다.

삼류는 단순하게 제안하고
이류는 주장과 근거를 명확히 한다
일류는 어떻게 제안할까?

의견을 강하게 주장할 때 활용할 수 있는 '피라미드 구조'라는 프레임이 있다. 맨 꼭대기에 결론을 두고 그 아래로 근거를 열거해 놓은 것이다.

결론 = '나는 ○○라고 생각합니다', 근거 = '세 가지 이유가 있습니다'와 같다.

예를 들어 홈페이지 제작을 의뢰할 회사를 제안한다고 하자.
피라미드 구조라면 다음과 같다.
결론: "홈페이지 제작을 A사에 의뢰하고 싶습니다."
근거: "세 가지 이유가 있습니다. 첫 번째는 비용이 저렴하다는 점, 두 번째는 실적이 풍부하다는 점, 세 번째는 납기가 빠르다는 점입니다."
피라미드 구조는 듣는 사람이 쉽게 이해할 수 있도록 돕는 설명

의 틀로 많은 사람들이 활용하고 있다.

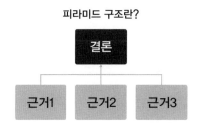

피라미드 구조란?

결론

근거1　근거2　근거3

그러나 피라미드 구조에는 최대 약점이 있다. 바로 '옆에서 불어오는 바람에 약하다는 점'이다.

예상하지 못했던 바람이 이상한 방향에서 불어오면 너무나도 쉽게 와르르 무너진다.

예를 들어 '홈페이지 제작을 A사에 의뢰하고 싶습니다'라는 주장에 대해서 '우리 회사 내부에서 홈페이지를 만들면 어떻겠습니까?'라며 외주가 아니라 사내에서 자체 제작하자는 역풍, 즉 다른 의견이 제기되는 경우다. 또는 '디자인만 의뢰하고 삽입할 내용은 우리가 직접 제작하면 어떻겠습니까?'라는 절반은 외주, 절반은 내부 제작이라는 의견이 제기되는 경우다.

이처럼 전혀 다른 방향에서 예상하지 못했던 역풍이 불어오면 그에 대한 정확한 답변을 내놓지 못한다. 그리고 '다음 회의 때까지 조사해 두겠습니다'라고 얼버무리게 된다. 그 자리에서 선뜻 결정을 내리지 못하는 것이다.

주장과 근거는 명확하지만 그 자리에서 결정을 내리지 못하는 것은 이류다.

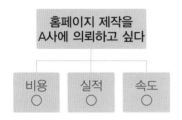

그렇다면 일류는 어떻게 할까?

사전에 여러 방향의 피라미드 구조를 준비해 둔다.

일류의 자세한 설명은 피라미드 구조 한 개만 한다. 다만 준비해 둔 모든 피라미드 구조도 검증은 끝낸 상태다.

"회사 내부에서 제작하는 안도 생각해 봤습니다. 물론 비용은 덜 들겠지만 일단 제작해 본 경험이 없고 제작 시간도 상당히 소요될 것으로 예상됩니다. 절반을 외주로 돌리는 방법도 고려해 보았는데요. 이 경우는 오히려 비용이 더 발생했습니다. 따라서 A사에 의뢰하는 방법이 최선이라고 생각합니다."

이처럼 높은 위치에서 전체를 조망하고 다른 방향에서도 생각해 보는 것, 이것이 일류의 설득 방법이자 관점이다.

일류의 방법은 바로 결론과 근거를 생각하기 전에 여러 개의 피라미드 구조를 준비한다. 분명히 당신의 주장은 몇 배나 더 강력한 설득력을 가질 것이다.

 일류는 여러 개의 피라미드 구조를
준비한다.

 다른 방향에서도 검증을 끝내둔다.

삼류는 말할 용기가 없고
이류는 정론(正論)을 들이댄다
일류는 어떻게 설명할까?

가령 직장에서 터무니없는 일을 당했을 때 'NO'라고 말하기 어려운 경우가 있다.

이런 경우에 싫지만 아무 말도 못하고 그 일을 맡는 사람은 삼류, '바빠서 무리입니다'라며 정론을 들이대는 사람은 이류다.

일류는 어떻게 할까?

어서티브(assertive)하게 설명한다.

어서티브란 자신의 의견을 무리하게 관철시키는 것이 아니라 상대방의 의견을 존중하면서 솔직하게 자기주장을 펴는 것을 말한다.

일단 상대방의 요구를 자세하게 듣는다.

"내일까지 완성해야 하는군요. 그런 이유가 있었군요. 그렇다면 서두를 수밖에 없지요."

그런 후에 자신의 주장을 편다.

"대단히 죄송합니다. 가능하다면 어떡해서든 하고 싶지만 내일까지 스케줄이 꽉 차서 매우 힘든 상황입니다."

만일 대안이 있다면… "내일까지는 어렵지만 다음 주 월요일까지라면 가능합니다"라고 말한다.

고객에게 억지에 가까운 불만을 들은 경우에는 '규약이 그렇게 정해져 있다'라고 말하면 고객은 '당신하고는 이야기가 안 통한다. 더 높은 사람을 데려오라'고 불같이 화를 낼 것이다.

정론을 들이대면 싸움으로 번지기 쉽다. 그렇게 되지 않으려면 스타트 포지션(start position), 즉 대화를 어떻게 시작할지가 매우 중요하다.

일단 두 가지 '시선'을 준비한다.

첫 번째는 상대방의 시선, 다른 하나는 자신의 시선이다.

처음에는 관심을 끌기 위해 상대방의 시선에서 상대방의 요구를 대화 주제로 삼는다.

그런 후에 마음을 다듬어서 자신의 시선에서 자신의 주장을 대화의 테이블에 올린다.

이렇게 하면 카타르시스 효과가 나타난다.

카타르시스란 심리학에서 말하는 '정화(淨化)'다. 간단하게 말하자면 '쌓인 것을 제거하는 것'이다.

당신도 누군가에게 '속내를 털어놓는 것만으로도 후련해지거나', '한바탕 크게 울고 났더니 속이 시원해졌던 경험'이 있을 것이다.

상대방의 요구를 듣는 것은 정화와 같은 행위다. 이와 반대로 듣지 않는 것은 봉쇄하는 행위다.

따라서 일단 상대방의 요구를 대화 주제로 삼고 모든 이야기를 쏟아내도록 한다. 모든 것을 쏟아내고 정화가 이루어지면 상대방은 당신의 이야기를 들을 준비를 할 수 있다.

이때 상대방에게 자신의 주장을 어서티브하게 설명하면 지금까지 아무 말도 못했거나 정론을 들이대서 싸움으로 번졌던 상황은 진전을 보일 것이다.

인간관계도 확연히 달라질 것이다.

이야기를 들으려고 하지 않았던 사람도 들으려고 할 것이다.

이처럼 힘들게 참지 말고 자신의 의견을 억지로 관철시키려고 애쓰지 말고 상대방을 존중하면서 자신의 의견을 명확하게 전달해 보자. 일류는 항상 상대방의 존재가 먼저(base)다.

Road to Executive

일류는 어서티브하게
설명한다.

 상대방을 존중하면서 자신의 의견을 설명한다.

삼류는 나 몰라라 하고
이류는 여러 차례 지론을 설명한다
일류는 무엇을 할까?

논의가 좀처럼 진척을 보이지 않을 때가 있다. 회의나 미팅에서 대화가 암초에 부딪힌 상황이다.

당신이라면 이럴 때 어떻게 하는가? 나 몰라라 하는가? 아니면 지론을 수차례 반복해서 설명하는가?

일류는 논점을 다시 설정한다.

실제로 있었던 일이다.

어느 회사에서는 매번 현금과 장부가 맞지 않아서 골머리를 앓고 있었다. 해결책으로 '현금을 더블 체크하면 어떨까요?', '매뉴얼을 작성하면 어떨까요?', '사내 교육을 다시 점검해야 하지 않을까요?' 등 다양한 의견이 나왔다. 그러다가 '정말로 그렇게 하면 현금과 장부가 맞지 않는 문제를 해결할 수 있을까요?'라는 의견까지 나왔다. 회의는 진척의 기미가 보이지 않았고 침묵의 시간이 흘렀다. 이때 어떤 직원이 '툭' 하고 이렇게 내뱉었다.

"'어떻게 하면 현금과 장부가 맞을까?'가 아니라 '어떻게 하면 현금을 취급하지 않을 수 있을까?'를 생각해야….."

그렇다.

애초에 현금을 취급하지 않으면 현금과 장부가 맞지 않는 불상사는 일어나지 않을 것이 아닌가? 결국 이 회사는 현금을 취급하지 않는 캐쉬레시(cashless) 제도를 도입하여 현금과 장부가 맞지 않는 문제를 해결했다.

논점이란 '최적의 답을 이끌어 내는 물음'이다. 올바른 논점을 설정하면 논의가 단숨에 진척을 보이기 시작한다.

이런 회의도 있었다. 매출을 신장시킬 여러 시책이 제기되었지만 설명이 끝나자마자 회의 시간이 끝나고 말았다. 결국 아무것도 정하지 못했다.

이런 경우의 최대 논점은 '누가 결정할 것인지'다. 훌륭한 시책이 아무리 많아도 누가 최종 판단을 내릴지를 정해놓지 않으면 떠들다가 끝나는 잡담에 그치고 만다.

'시책을 실행할 담당 책임자를 정해야 하지 않을까요?'도 좋은 논점이다.

논의가 좀처럼 진척을 보이지 않을 때는 지론을 계속해서 설명할 것이 아니라 최적의 논점을 설명해야 한다. 이것이 가장 중요한 포인트다.

그렇다면 최적의 논점은 어떻게 하면 찾을 수 있을까?

정답은 '의문형'이다. 즉 질문을 많이 만드는 것이다.

예를 들어 부하 직원인 갑돌이가 실수를 연발하는 경우

- '어떻게 하면 갑돌이의 실수를 없앨 수 있을까?'
- '어떻게 해서 갑돌이의 의식을 바꿀 수 있을까?'
- '어떻게 하면 갑돌이에게 부탁하지 않아도 될까?'
- '어떻게 하면 그 업무 자체를 없앨 수 있을까?'

수많은 질문을 만들고 그중에서 중심(center pin)이 될 논점을 찾는 것이다.

부하 직원인 갑돌이를 교육시키는 방법도 있고 다른 사람에게 아웃소싱을 맡기는 방법도 있다. 또한 회사 시스템 자체를 바꾸거나 업무 자체를 없애는 등 다양한 해결책이 보일 것이다.

경영학의 권위자인 피터 드러커(Peter Ferdinand Drucker)도 이렇게 말했다.

'중요한 것은 올바른 답을 찾는 것이 아니다. 올바른 질문을 탐색하는 것이다'라고.

일류는 그 의미를 잘 알고 있다. 따라서 논의가 암초에 부딪혔을 때 지론을 설명하는 것이 아니라 일단 올바른 논점을 설정하고 설명해야 한다.

Road to Executive

> ## 일류는 논점을
> ## 다시 설정한다.

 여러 개의 의문형을 작성하고
중심이 될 논점을 발견한다.

삼류는 어긋나는 것조차 모르고
이류는 상대방의 이해가 부족하다고 생각한다
일류는 어떻게 대처할까?

'이야기가 어긋난다', '서로 다른 이야기를 하는 것 같다'라고 느껴질 때가 있다. 마치 같은 건물에 있지만 서로 다른 층에 서있는 것과 같은 상황이다. 즉 서로 다른 '이야기의 층'에 속해 있는 것이다.

'이야기의 층'이라니 무슨 소리인가 싶을 텐데 간단하게 예를 들어 설명하겠다.

사내 회의에 '인감을 없애고 전자결재로 바꿉시다'라는 제안을 했다고 하자. 그랬더니 '인감을 없애는 것은 반대입니다', '다른 방법이 있지 않을까요?', '인감을 없애는 것은 수단이지 목적은 아니라고 생각합니다' 등 다양한 반대 의견이 제기되었다. 이렇게 되면 의견을 취합하기 어렵다.

이때 만일 '이해력이 한참 모자라는 사람들이군!'이라고 생각한다면 이류다.

일류는 '무엇을 위해서', '무엇을 목표로', '무엇을 할 것인가'로 이야기의 층을 나누고 각 층에 맞춰서 설명한다. 이렇게 해야 상대방과 이야기가 어긋나지 않는다. 즉 같은 건물에 있더라도 서로 다른 층에서 이야기를 나눈다면 아무 소용이 없지 않은가?

- 무엇을 위해서: 신종 코로나바이러스 감염증 대책으로 원격화를 추진하고 싶다.
- 무엇을 목표로: 인감을 찍으려고 출근하는 것을 피하고 싶다.
- 무엇을 할 것인가: 인감을 없애고 전자결재로 바꾸고 싶다.

이렇게 설명해야 한다.

이야기가 어긋날 때는 일단 멈추자. 그리고 제일 먼저 이야기의 층을 다시 검토하고 상대방과 어느 층에서 맞지 않는지 답을 맞춰보는 시간을 갖는다. 같은 이야기의 층에 서서 답을 찾으면 문제를 바라보는 관점이 같아지고 결국 같은 방향을 바라볼 수 있다.

실제로 있었던, 어처구니없는 이야기를 하나 소개하겠다.

어느 회사에서 신입 사원에게 '출근했으면 인사하도록'이라고 지도했다고 한다. 신입 사원은 출근해서 인사를 했다. 그런데 고객에게는 하지 않았다.

그래서 '고객이 오면 인사하도록'이라고 지도했다. 그러자 신입 사원은 고객에게도 인사를 했다. 그런데 회사에 관련 업자가 찾아왔지만 인사를 하지 않았다.

무엇을 위해서

무엇을 목표로

무엇을
할 것인가

그래서 '관련 업자에게도 인사하도록'이라고 지도했다. 그렇게 신입 사원은 업자에게도 인사를 하게 되었다고 한다.

아마도 신입 사원을 지도한 사람은 '도대체 몇 번이나 같은 말을 반복하게 하는 거야…'라고 생각했을 것이다.

사회생활에서 인사는 기본이고 누구에게나 하는 것이 예의이자 상식이다. 그런데 이렇게 상식이 아닌 사람도 있다.

- 무엇을 위해서: 모든 관계자가 기분 좋게 일했으면 좋겠다.
- 무엇을 목표로: 그러려면 항상 긍정의 힘을 줄 수 있는 활기 넘치는 직장 환경을 만들고 싶다.
- 무엇을 할 것인가: 따라서 솔선해서 누구에게든 먼저 인사를 건넸으면 좋겠다.

이렇게 이야기의 층을 맞춰가면서 설명하고 함께 답을 찾았다면 세 번이나 같은 말을 반복하는 일은 일어나지 않았을 것이다.

상대방과 이야기가 어긋난다면 일단 '무엇을 위해서', '무엇을 목표로', '무엇을 할 것인가'를 떠올려 보자. 그리고 서로 어느 층에 서 있고 어느 층에서 어긋나는지를 확인해 보자.

Road to Executive

>
> # 일류는 '이야기의 층'을
> # 맞춘다.
>

 '무엇을 위해서', '무엇을 목표로', '무엇을 할 것인가'를
다시 살펴본다.

삼류는 데이터를 사용하지 않고
이류는 상관관계에 근거해서 설명한다
일류는 무엇을 근거로 설명할까?

회사에 있으면 데이터를 분석하고 설명할 기회가 많다. 그런데 설명을 시작하자마자 '정말로 그런가?', '어떻게 장담할 수 있지?'라고 추궁을 당했던 적이 있을 것이다.

이런 상황은 '상관관계와 인과관계'가 틀렸을 때 종종 일어난다.

상관관계란 간단하게 설명하면 '그런 경향이 있다'라는 것이다.

인과관계란 'A가 원인으로 B가 일어났다'라는 원인과 결과다.

'그런 경향이 있다'고 해서 '이번 데이터에서 ○○가 원인이라는 것을 알았으니 향후에는 ○○해야 합니다'라고 안이하게 말하면 '정말 그런가?'라는 돌발 질문을 받게 된다.

따라서 정확하게 '인관관계를 규명하는 것'이 매우 중요하다.

예를 들어 '많이 먹어서 살이 쪘다'는 상관관계일까? 인과관계일까? '많이 먹은 것이 원인으로 살이 쪘다는 결과가 나왔으니 인과관계'라고 생각할지도 모르겠다.

그러나 정답은 상관관계다.

물론 많이 먹으면 살이 찐다.

그런 경향이 있다. 다만 많이 먹고도 그만큼 에너지를 소비하면 살은 찌지 않는다.

'섭취한 칼로리가 소비한 칼로리보다 많아서(원인) 살이 쪘다(결과)'는 인과관계다.

재차 언급하는데 상관관계는 '그런 경향이 있다'는 것이고 인과관계는 '원인과 결과'다. 상관관계가 있다고 해서 곧바로 해결책을 찾으려고 하면 '많이 먹지 않기', '과식하지 않기' 등 단순한 대책밖에 찾지 못한다.

'먹은 만큼 운동해야 한다'라는 대책을 놓칠 수밖에 없다.

'상관관계는 있어도 인과관계는 없다.'

이것이 포인트다.

인과관계를 밝히는 구체적인 방법이 있다.

◎ 1단계: 역으로 생각한다.

◎ 2단계: 다른 것도 검토한다.

이 두 가지 단계를 적용해 보는 것이다.

예를 들어 '광고비를 두 배로 했더니 매출도 두 배로 늘었다'라고 하자. 정말일까?

인과관계를 명확하게 밝혀야 하므로 일단 1단계를 적용해 보자.

'만일 광고비를 두 배로 하지 않았다면 매출은 두 배로 늘지 않았다'라고 역으로 생각해 보는 것이다. 이렇게 생각하면 다른 다양한 원인이 있을 것 같지 않은가?

그다음은 2단계다.

매출이 두 배로 늘어난 것은 '시기가 좋았다', '디자인이 호평을 받았다', '특별 캠페인이 소비자에게 잘 먹혔다', '영업부에서 최선을 다했다' 등 광고비 이외의 다른 이유를 검증해 보는 것이다. 그리고 이 중에서 가장 큰 이유를 선택해서 설명한다.

물론 끝까지 파헤쳐도 '100% 그렇다'라고 장담할 수 있는 원인을 특정하기란 사실 어려운 일이다.

모든 것을 조사하려면 막대한 시간이 걸린다. 하지만 단순하게 '그런 경향이 있다'라며 단순한 근거를 들어서 설명하면 곧바로 추궁을 당할 것이다.

이런 상황을 피하려면 데이터를 분석하고 설명할 때 조금이라도 시간을 갖고 인과관계를 따져보는 두 가지 단계를 실행해 보자.

당신의 분석력은 훨씬 더 향상될 것이다.

Road to Executive

일류는 인과관계를
근거로 설명한다.

 '역으로 생각한다', '다른 것도 검증한다'로 데이터 분석력을 높이자.

삼류는 위축되어서 설명하지 못하고
이류는 억지로 설명하려고 한다
일류는 어떻게 할까?

말을 붙이거나 설명하기 어려운 상대가 있다. 설명하기 전부터 초조해하거나 설명을 시작하려는 순간 의아한 표정을 짓거나 설명을 끝낸 후에 어마무시하게 반론을 제기하는 등 대하기 어렵고 귀찮은 사람 말이다.

이런 경우에 어떻게 설명하면 좋을지를 고민해 보는 것도 물론 현명한 처사지만 일단 상대방의 입장에서 '왜 설명을 들으려고 하지 않는지'를 생각해 보자.

대략 다섯 가지 이유를 생각해 볼 수 있다.

① **내용의 문제:** 설명하는 이유를 모른다. 즉 불만인지, 상담인지, 요구인지 등을 몰라서 들으려고 하지 않는 경우

② **주제의 문제:** 설명의 주제가 들을 가치가 없다. 지금 이야기할 사안이 아니다. 우선순위가 낮다 등 자신과 관계없는 경우

③ **물리적인 문제:** 바빠서 물리적으로 들을 시간이 없다. 해야 할 일이 많아서 머릿속이 복잡하다 등 스케줄이 꽉 찬 경우

④ **신용의 문제:** 애초에 설명하는 사람을 신뢰 및 신용하지 않는다. 즉 같은 실수를 반복한다, 빈번하게 약속을 어긴다, 업무 누락이 자주 발생한다 등 설명하는 사람의 말은 들을 가치가 없다고 생각하는 경우

⑤ **본인의 문제:** 마침 공교롭게도 걱정, 고민이 있어서 초조하고 불안한 상태인 경우이다. 또는 무표정, 무반응이 평소 본인의 모습인 경우

자, 이제 어떻게 하면 좋을지 대책을 살펴보자.

① 내용의 문제

  (1) 단적으로 알기 쉽게 설명한다.

  (2) 설명 내용을 납득할 수 있도록 한다.

② 주제의 문제

  (1) 지금 이 이야기를 하는 이유를 명확하게 말한다. (예시) "급한 것은 아니지만 아무래도 미리 알려주고 싶은 것이 있어서요."

  (2) 흥미를 갖게 한다. (예시) "고객을 확보할 수 있는 좋은 방책이 있습니다."

③ 물리적인 문제

(1) 상대방이 주도권을 잡게 한다. 어떻게 할 것인지 상대방에게 선택하도록 한다. (예시) "○○ 건으로 시간을 좀 내주셨으면 하는데 어떠신가요?"

(2) 먼저 시간을 확보한다. (예시) "3분 정도면 되는데 괜찮으실까요?"

④ 신용의 문제

신용을 잃게 만든 이유와 행동을 확인하고 신용을 회복하는 것이 제일이다.

⑤ 본인의 문제

초조해하거나 불안하지 않을 때를 잘 살펴보고 있다가 설명한다. 항상 무표정하거나 무반응인 사람은 그것이 평소 모습이니 신경 쓰지 말고 설명한다.

여기까지 상대방이 설명을 듣지 않는 경우에 대해서 살펴봤다. 물론 자신에게 잘못이 없는 경우도 있다. 애초에 누구의 이야기도 들으려고 하지 않거나 항상 억지를 부리는 등….

다만 '설명'은 뭔가를 실현하고 싶은 목적이 있어서 하는 행위가 아닌가? 예를 들어 '결재를 받고 싶다', '프로젝트를 성공시키고 싶다', '상담을 통해서 일을 진척시키고 싶다' 등. 이를 실현하고 손에 넣고자 한다면 일단 자신을 바꿔야 한다. 이런 각오를 다질 수 있는 사람이 일류다.

Road to Executive

>
>
> # 일류는 상대방이 설명을 듣지 않는 이유를 파악한다.

 설명을 듣지 않는 다섯 가지 이유부터 대책을 세우자.

Chapter 4

프레젠테이션이나
청중 앞에서의 설명

삼류는 흐름이 뒤죽박죽 꼬이고
이류는 자신이 잘 설명하는 패턴을 구사한다
일류는 어떻게 할까?

당신은 상대방에 따라서 이야기의 흐름을 바꾸는가?

사람들 앞에서 이야기할 때의 흐름에는 두 종류가 있다. 하나는 결론형, 다른 하나는 전개형이다.

결론형이란 '오늘 제가 말씀드리고 싶은 것은 ○○입니다'라고 결론부터 시작하는 패턴이다. '빨리 결론을 말해 달라'는 상대방에게 적합한 흐름이다.

다만 결론부터 시작해서 상대방이 '하고 싶은 말이 그거였군!', '그런 이야기라면 전에 어디선가 들은 적이 있다'라며 당신의 이야기를 가볍게 받아들일 가능성도 있다.

전개형이란 동화책의 '옛날 옛적에'와 같이 '얼마 전에 이런 일이 있었다'라며 스토리부터 시작하는 패턴이다. 이는 상대방을 스토리 속에 푹 빠져들게 만들어서 다른 데에 정신을 팔지 못하도록 하고 결론에 이르기 때문에 높은 차원의 메시지를 전달할 수 있다.

다만 결론에 이르기까지 스토리 전개에 재미가 없으면 상대방의 집중력은 떨어지고 답답하게 만들 수 있다. '서론은 이제 그만 됐으니 빨리 결론을 말해 달라'는 상황이 벌어지는 것이다. 이렇듯 결론형과 전개형은 일장일단, 각각 장단점이 있다.

따라서 **일류는 듣는 사람의 상태에 따라서 결론형과 전개형을 구분해서 사용한다.**

【결론형】 이야기 내용에 관심은 있지만 당신에게 관심이 있는 것은 아니다. 이런 경우는 결론부터 말해야 한다. 어차피 상대방은 이야기 내용을 빨리 듣고 싶다고 생각할 테니까. 그런데 만일 아무 관련도 없는 이야기를 장황하게 늘어놓는다면 상대방은 들으려는 마음을 접을 것이다.

【전개형】 이야기의 내용보다 당신에게 관심이 있거나 당신에게 호감이 있는 경우는 체험담, 생각, 결론에 이르기까지의 배경 등을 먼저 말한다. 결론을 맨 마지막에 두는 패턴이다.

우리 회사에서는 과거 1만 회에 달하는 세미나와 연수를 진행했다. 기업 연수를 진행할 때 대부분의 경우 강사와 수강생은 처음 만난다. 이때 강사가 처음부터 장황하게 자기소개를 늘어놓으면 수강생은 '빨리 본론으로 들어갔으면 좋겠다'라고 느낀다. 삽시간에 강의실은 무겁고 따분한 분위기가 조성되어 수강생의 반응은 싸늘하게 식고 만다. 이런 경우는 '오늘의 강연 주제는 ○○입니다. 제가 말씀드리고자 하는 중요 포인트는 딱 세 가지입니다'라고 처음부터 결론을 제시하는 것이 좋다.

이와 반대로 출판기념 세미나 혹은 자신의 이름을 걸고 주최한 이벤트 등은 어느 정도 연사에게 관심이 있는 청중이 모인 자리이므로 지금까지의 경력이나 체험담을 이야기 형식으로 전개해 나간다. 그러는 편이 청중을 기쁘게 할 수 있다.

물론 사전에 청중의 상태를 모르는 경우도 있을 것이다. 그때는 감으로 선택한다.

예를 들어 신제품 프레젠테이션의 경우에는 상품에 관심 있는 사람들이 모였을 테니 결론형으로.

연구 결과를 발표하는 경우에는 결과도 중요하지만 '무엇을 위해서 이 연구를 했는지', '어떤 배경에서 이 연구를 시작하게 되었는지', '무엇을 실현하고 싶은지' 등 연구에 대한 생각이나 과정을 듣고 싶은 사람도 많을 테니 전개형으로….

자신이 구사하기 편한 패턴으로 설명하는 것은 이류다. 일류는 상대방이 원하는 패턴을 선택한다. 청중 앞에서 말하는 것은 청중의 소중한 시간을 소비하는 상황이다. 그런 소중한 시간이 청중에게 최대한 가치 있는 시간이 될 수 있도록 노력해야 하지 않을까? 그렇기에 일류는 항상 청중의 입장을 상상해 보고 이야기의 흐름을 선택한다.

Road to Executive

일류는 결론형과 전개형을
구분해서 사용한다.

 상대방의 관심의 축이 어디에 있는지를 파악하고
이야기의 흐름을 결정한다.

삼류는 갑자기 머릿속이 하얘지고
이류는 다짜고짜 설명을 시작한다
일류는 무엇을 할까?

사람들 앞에서 이야기할 때 아마도 이런 경험을 해본 적이 있을 것이다. 듣는 사람이 흥미가 없는 듯 무심한 표정을 짓거나 설명을 듣지 않고 자료만 스르륵 넘기거나 따분한 듯 하품을 하는 등이다.

모처럼 열심히 준비했는데, 이런 상황에 놓이게 된다면 무척 속상할 것이다. 하지만 어쩔 수 없는 일이다. 인간은 관심이 있는 것에만 귀를 기울이는 습성이 있으니까.

심리학자 콜린 체리(Colin Cherry)가 제창한 '칵테일파티 효과(cocktail party effect)'라는 것이 있다. 간단하게 설명하자면 한창 분위기가 무르익은 시끄러운 파티장에 있으면 누가 무슨 말을 하는지 잘 들리지 않는다. 그런데 평소에 관심이 있는 단어가 어디선가 튀어나오면 그 순간 그 단어만 귀에 쏙 들어오는 것이다. 예를 들어 자신의 이름이 언급된 순간 '어, 나?'라며 뒤를 돌아보는 것이다. 불필요한 말은 들리지 않지만 필요한 말에 갑자기 귀가 쫑긋 서는 것이다. 이것이 인간의 특성이다.

이런 칵테일파티 효과에 기초해서 이야기의 본론으로 들어가기 전에, 즉 초반에 반드시 해야 할 것이 있다. **듣는 사람에게 '이 이야기 혹은 설명은 당신에게 매우 중요하다'라고 인식시키는 작업**이다. 즉 이야기를 들을 수 있는 태세를 갖추도록 만드는 것이다.

그러기 위해서는 인간의 **'쾌락원리'로 접근하면 용이하다.** 쾌락원리란 심리학자 구스타브 페히너(Gustav Theodor Fechner)가 정립하고 프로이트(Sigmund Freud)가 도입한 개념으로 인간은 '쾌락을 얻기 위해서' 또는 '고통을 피하기 위해서' 행동한다는 것이다. 쾌락이란 즐거움과 기쁨을 얻는 것이고 고통이란 불쾌함과 공포를 느끼거나 손해를 보는 것이다.

'청중 앞에서의 설명'에 이를 적용하면 다음과 같다.

- **쾌락=자신에게 이득인 정보**
- **고통=듣지 않으면 손해인 정보**

이를 이야기의 본론으로 들어가기 전에 듣는 사람에게 인식시킨다.

최근에 자주 접하게 되는 '빅 데이트'라는 단어를 예로 들어 보겠다. 이 단어를 설명할 때 '빅 데이터란 데이터베이스 소프트웨어가 파악해서 축적, 운용하고 분석할 수 있는 능력을 뛰어넘는 방대한 규모의 데이터를 말한다. 비즈니스에 도움이 되는 지견을 도출하기 위한 데이터로 문제 해결이나 업무의 부가가치 향상을…'이라고 시작한다면 아마도 듣는 사람은 흥미를 잃고 이미 패닉 상태에 빠져 있을 것이다.

듣는 사람이 설명을 들을 수 있는 태세를 갖출 수 있도록 하려면….

○ 쾌락=자신에게 이득인 정보

"빅 데이터를 사용하면 '편의점의 경우 주력 상품을 분석하고 발주하는 데 걸리는 시간을 1시간에서 1분으로 대폭적으로 줄일 수 있습니다. 남는 시간에 접객 서비스, 상품 선전 문구 작성 등 매출 향상을 위한 대책을 마련하고 실행'할 수 있습니다."

○ 고통=듣지 않으면 손해인 정보

"많은 기업이 빅 데이터를 활용하고 있습니다. 그 결과 인건비를 1,000만 엔이나 삭감했고 삭감한 비용을 신제품 개발에 투자하고 있습니다. 향후 신제품 개발에 빅 데이터를 활용하는 기업은 전체의 80%를 차지할 거라는 예측까지 나오고 있습니다. 그러니 빅 데이터를 활용하지 않는 기업은 뒤처질 것이 뻔합니다."

이야기를 시작해서 1, 2분간의 작업이다. 이 작업을 하느냐 마느냐에 따라서 듣는 사람의 집중도는 확연히 달라진다. 그래서 일류는 이야기의 첫 포문인 초반에 집중한다. 일단 듣는 사람의 이목을 끌고 이야기를 들을 수 있는 태세로 전환시키는 것이다. 듣는 사람이 이야기를 들으려는 태세를 갖췄다면 그때 설명을 시작한다. 이 과정을 완벽하게 익힌다면 당신의 설명은 평소보다 몇 배나 더 상대방에게 잘 전달될 것이다.

Road to Executive

 일류는 청중을 들으려는 태세로
전환시킨다.

 이야기의 첫 포문을 쾌락원리로 연다.

삼류는 곧바로 만들기 시작하고
이류는 구성을 생각한 후에 만들기 시작한다
일류는 무엇을 생각한 후에 만들기 시작할까?

'파워포인트로 자료를 만드는 것이 어렵다'라는 상담도 꽤 많이 들어온다.

당신은 어떤 순서로 파워포인트 자료를 만드는가?

만일 곧바로 컴퓨터를 켜고 파워포인트를 더블 클릭해서 다짜고짜 작성하기 시작한다면 그 자료는 실패다. 또한 생각을 충분히 정리하지 않은 채로 생각하면서 작성하면 첫 장과 마지막 장의 내용에 통일감이 없고 어느 한 군데를 변경하면 전체를 변경해야 하는 등 번거로울 수 있다.

따라서 파워포인트로 자료를 작성할 때는 일단 '제안할 내용', '중요 포인트', '세부 사항', '비용'과 같이 자료에 기재할 항목을 결정한 후에 작성하기 시작해야 한다. 이렇게 해야 이해하기 쉬운 자료를 만들 수 있다.

그런데 **일류는 이해하기 쉬운 자료를 만드는 것을 목적으로 삼지**

않는다.

본래 파워포인트는 프레젠테이션용으로 개발된 툴이다. 프레젠테이션은 제안이다. 왜 제안을 하는가? 정답은 한 가지, 바로 '듣는 사람에게 어떤 행동을 촉구하기 위해서'다.

- 고객이 뭔가를 구매하길 바란다.
- 프로젝트를 진행하고 싶다.
- 상사에게 결재를 받고 싶다.

이와 같이 듣는 사람의 행동을 유발하는 것이 최대 목적이다.

그렇다면 파워포인트의 구성을 고민하기 이전에 반드시 생각해봐야 할 것이 있지 않을까? 그렇다. '듣는 사람이 어떤 행동을 해줬으면 하는지'다.

예를 들어 부장에게 결재를 받고 싶다면 보통은 결재를 받으려는 내용이나 이유를 기재할 것이다. 그런데 그것만 기재해서는 안 된다. 진심으로 결재를 받고 싶다면 결재를 거절당할 가능성, 즉

- 그렇게 해야 할 의미를 모르겠다.
- 지금 할 필요가 없다.
- 불안 요소가 있다(실패했을 때의 대가가 크다, 리소스가 부족하다, 예산이 부족하다 등).

이를 해소할 수 있는 내용도 자료에 포함시켜야 한다. 즉 '촉구하고 싶은 행동에 따라서 내용을 달리해야 한다'는 것이다.

아무리 이해하기 쉬운 자료를 만들었어도 '무슨 말인지 알았다', '검토해 보겠다'로 끝난다면 목적을 이룰 수 없다. 원하는 답은 '알겠다', '해보겠다'일 것이다.

여담인데 혹시 파워포인트가 왜 파워포인트인지 아는가? 파워포인트는 직역하면 '파워=역(力)', '포인트=점(點)', 즉 '역점(力點)'이다. '역점이 도대체 뭐지?'라는 생각이 들 것이다.

개발자에 따르면 '발표자에게 힘을 준다'라는 의미에서 파워포인트라고 이름 붙였다고 한다. '그런 뜻이 있었구나'하고 납득이 갔다. 그런데 나는 이렇게도 생각했다. 파워포인트는 발표자뿐만 아니라 듣는 사람에게도 힘을 실어준다고. 듣는 사람이 어떤 행동을 실행하게끔 움직이게 하는 힘 말이다.

파워포인트로 자료를 작성할 때는 '누가 어떤 행동을 해줬으면 하는지'를 제일 먼저 정한다. 그다음에 구성을 생각한다. 이렇게 하면 반드시 듣는 사람에게 힘을 주는 의미 있는 자료를 완성할 수 있을 것이다.

Road to Executive

일류는 듣는 사람이 해줬으면 하는
행동을 생각한 후에 작성하기
시작한다.

 촉구하고 싶은 행동을 설정한 후에 구성을 생각한다.

삼류는 조사 결과만을 설명하고
이류는 조사 결과를 고찰한다
일류는 무엇을 할까?

회사원이었을 때의 일이다.

나는 주말을 반납하고 월요일에 있을 회의를 준비했다. 회의에서 사용할 조사 결과를 정리한 보고서를 말이다. 경쟁 회사의 출점 지역, 가격, 서비스 내용 등 그야말로 방대한 자료였는데, 완벽하게 준비해서 월요일 회의에 임했다.

그런데 조사 결과를 설명하기 시작해 5분 정도가 지났을 무렵이었을까? 상사가 이렇게 말했다.

"그래서 자세는 무슨 말이 하고 싶은 건가? 조사 결과는 자료를 보면 알 수 있는 거고."

요즘은 인터넷 검색만 하면 정보가 넘쳐난다. 또한 자료를 보면 결과는 바로 알 수 있다. 그럼에도 불구하고 조사한 결과만을 설명한다면? 나는 삼류나 하는 짓을 하고 말았던 것이다.

그렇다면 어떻게 해야 했을까? '이러한 결과에서 ○○라고 말할 수 있습니다'라고 뭔가를 고찰했다면 좋았을까? 이 역시 이류에 지나지 않는다.

일류는 어떻게 할까?

'이러한 결과에 기초해서 ○○을 해야 합니다'라고 말한다.

즉 행동까지 설명한다.

예를 들어 건강 검진을 받았다고 하자. 담당 의사에게 '검진 결과 간수치가 6.4로 나왔습니다.

주의가 필요한 수준입니다.

이상입니다'라는 말만 듣는다면 '그럼 앞으로 어떻게 하면 좋습니까?'라고 묻고 싶을 것이다. 이렇듯 고찰만으로는 부족하다.

'건강 검진 결과 간수치가 6.4로 나왔습니다.'(=결과)

'이는 주의가 필요한 수준입니다.'(=고찰)

'음주는 일주일에 한 번으로 줄이세요.'(=행동)

일류는 행동까지 제시한다.

아마도 상사가 나에게 원했던 것도 '그래서 어떻게 하면 좋다는 건가?'가 아니었을까?

조사를 의뢰하는 사람은 뭔가 해결하고 싶은 문제가 있는 것이다. 이때는 아래의 흐름에 따라서 설명해 보자.

① 결과=어떤 결과가 나왔는가?

② 고찰=결과를 통해서 말할 수 있는 것은?

③ 행동=따라서 어떻게 해야 하는가?

예를 들면 이런 식이다.

① 어떤 결과가 나왔는가?

"조사 결과 제1과의 인건비가 예산을 초과했습니다. 인원은 늘어나지는 않았는데 말이죠. 초과한 비용은 대부분 채용 비용이었습니다."

② 결과를 통해서 말할 수 있는 것은?

"채용이 제대로 이루어지지 않고 있다고 말할 수 있습니다. 채용한 직원이 정기적으로 회사를 관둔다는 뜻이죠."

③ 따라서 어떻게 해야 하는가?

"저와 채용 담당자, 교육 담당자가 채용과 교육 관련 플랜을 새로 짜보겠습니다. 괜찮을까요?"

결과를 전달하고 고찰하고 행동을 제시한다. 이를 한 세트로 묶어서 설명하는 것이 일류다.

Road to Executive

일류는 조사 결과에서 행동을
제시한다.

 '결과 → 고찰 → 행동'의 흐름으로 설명한다.

삼류는 주저리주저리 설명하고
이류는 포인트를 설명한다
일류는 어떻게 말할까?

평소에 나누는 대화에서도 '이 사람은 설명을 참 잘한다'라고 느껴지는 상대가 있다. 예를 들어 최근에 관람한 영화에 대한 이야기를 듣고서 '보러 가고 싶다'는 욕구가 생기는 반면에 '그런 영화구나'하고 아무런 감흥 없이 끝나는 경우도 있다.

1분 정도로 짧은 시간임에도 불구하고 재미있게 이야기하는 사람은 대개 프레젠테이션도 잘한다. 왜냐하면 상대방의 마음을 사로잡는 방법이 습관처럼 몸에 배어 있기 때문이다.

'나는 상대방의 마음을 사로잡는 설명은 못해…'라고 생각할지도 모르겠다. 하지만 결코 어렵지 않다. 방법만 알면 간단하다.

예전부터 이야기를 전달하는 방법으로 '기승전결(起承轉結)'이라는 것이 있다. 당신도 한 번쯤 들어봤을 것이다. 이와 비슷한 것으로 일본 무악에는 '조하큐(序破急, 느림 가속 결말)'라는 것이 있고 영화 극본에는 '**영웅의 여정**(Hero's Journey)'이라는 이론이 있다. 영웅이

위기에 처했다가 대역전을 펼치는 구성이다.

이것들의 공통점은 무엇일까? 바로 초반에 '사건이 일어난다는 점'이다. '헉!', '뭐야?', '말도 안 돼!', '저래도 괜찮아?' 등 가슴이 철렁 내려앉고 손에 땀을 쥐게 하는 사건이 일어나는 것이다. 이것이 바로 상대방의 마음을 사로잡는 착화 장치가 된다. 해피엔딩은 사건이 일어났기에 재미있는 것이다.

2017년에 대히트를 친 〈기적: 그날의 소비토〉라는 일본 영화가 있다. GreeeeN라는 밴드의 실화를 바탕으로 만들어진 영화다. 이 영화를 예로 들어 보겠다.

"혹시 GreeeeN라는 밴드 알아? 그 밴드의 실화를 소재로 만든 영화야. 형제가 밴드를 하는데 아버지가 반대를 심하게 하지. 게다가 동생은 치과대학에 붙은 상태다. 그래서 아버지한테 무슨 일이 있어도 들키면 안 되는 거야. 그래서 형제가 어떻게 했는지 알아? (여기서 사건이 일어난다) 전대미문의 얼굴 없는 밴드로 데뷔를 한 거야. 그랬더니 그때부터 기적이 일어나는데…."

이런 식으로 도중에 사건을 언급한다. 그러면 듣는 사람의 몰입도는 단숨에 높아진다.

이외에도 "학교 선생님에 관한 이야기인데, 어느 날 갑자기 선생님이 실명을 해. 그래서 자포자기의 심정으로 한 번은 자살까지 시도하지. (여기서 사건이 일어난다) 그러다가 어떤 일을 계기로 꿈을 향해서 열심히 도전하기 시작하는데 최근에 본 영화 중 제일 감동

적이었어. 말도 마. 보면서 얼마나 울었는지(눈물)."

즉 재미있게 이야기를 전달하려면 어딘가에 사건을 언급해야 한다. 이는 도중에 '변화를 일으킨다'라고도 바꿔 말할 수 있다.

변화가 없는 평탄한 이야기는 따분하다. 롤러코스터가 직선 코스로만 달린다면 어떻겠는가? 급상승과 급하강을 반복하며 '캬~', '와~'하는 소리가 절로 터져 나오게 만드는 코스가 있어야 신이 나지 않겠는가? '변화를 일으킨다.' 이것이 이야기의 몰입도를 높이는 가장 중요한 포인트다.

이런 메커니즘을 잘 활용한 것이 코미디에서 말하는 '긴장과 완화(緊緩)의 법칙'이다. 긴장감이 감도는 상태를 만든 후에 '휴~'하고 안심할 수 있는 이야기를 꺼낸다. 그러면 객석에서 웃음이 절로 터져 나온다. 어느 강연회에서 위엄 있는 사장이 등장해서 첫 인사로 '저는 현재 회사를 네 곳 경영하고 있습니다'라고 말한다. 외관상 '멋지고 훌륭한 사람이군!'이라고 생각하고 있는데 사장이 '참고로 저는 이혼도 네 번 했습니다(웃음)'라고 말한다면? 강연장은 웃음바다가 되고 이내 편안한 분위기로 변할 것이다.

평소의 대화에서든 프레젠테이션을 발표할 때든 조금이라도 변화를 주면 당신의 이야기는 순식간에 청중의 흥미와 관심을 끄는 재미있는 이야기로 돌변할 것이다. 일류는 평소의 대화에서도 상대방에게 즐거움을 선사하려고 노력한다. 항상 엔터테인먼트의 정신을 잃지 않는 것이다.

Road to Executive

일류는 '사건을 일으켜서'
설명한다.

 변화를 통해서 설명을 재미있게 만든다.

삼류는 본인이나 자사밖에 모르는 단어를 사용하고
이류는 공통의 전문 용어를 사용한다
일류는 어떤 용어를 사용할까?

여러 사람 앞에서 이야기할 때 주의해서 사용해야 할 용어가 있다. 바로 '전문 용어'다.

'콘텐츠 소유자(contents holder)가 디지털 마케팅을 통해서 B2B로 연결되는…'이라고 말한다면 이 시점에서 듣는 사람의 얼굴은 새파랗게 질려 있을지 모른다. 무슨 말인지 알아들을 수 없기 때문이다.

이를 무시한 채 '이것은 뉴노멀 시대에 디팩트 스탠다드로…'라고 설명을 이어간다면 상황은 종료, 게임 오버다. 듣는 사람은 슬머시 눈을 감고 깊은 잠에 빠질 것이다.

여러 사람, 즉 청중 앞에서 이야기할 때 청중 사이에 지식의 격차가 존재하는 경우가 많다. 그럼에도 전문 용어나 어려운 문자를 연발한다면 듣는 사람은 소외감을 느낄 것이다.

당신의 주변에도 전문 용어를 자주 연발하는 사람, 어려운 문자를 사용하고 싶어 하는 사람이 있지 않은가?

그들은 왜 사람들 앞에서 이야기할 때 전문 용어나 어려운 문자를 연발하는 것일까? 그 이유는 '누구에게 전달할 것인지'에 대한 설정을 하지 않았기 때문이다. 즉 '무엇을 전달할 것인지'보다 '누구에게 전달할 것인지'가 100배나 더 중요하다.

가령 당신이 인터넷 프로바이더 회사에서 근무한다고 하자. 상품을 설명할 때 당신은 업계 사람에게 설명하는 것인지, 일반 소비자를 대상으로 설명하는 것인지, 초등학생에게 설명하는 것인지에 따라서 용어를 달리할 것이다.

항상 상대방의 수준에 맞는 용어를 선택하는 것은 매우 중요한 일이다.

그런데 '청중의 지식수준이 어느 정도인지 모르겠다', '듣는 사람의 지식수준이 제각각이라 어느 것을 기준으로 삼아야 할지 모르겠다' 하는 경우도 있을 것이다.

이런 경우에는 대충 가늠해본다.

다음의 세 가지 레벨 중 어디에 초점을 맞출지를 생각해 보는 것이다.

- 동료 레벨
- 친구 레벨
- 아동 레벨

동료 레벨이란 자신의 동료에게 이야기하듯 설명하는 수준이다. 주로 지식이 있는 사람, 업계 사람, 전문가를 대상으로 하는 설명이다. 전문 용어를 사용해도 별문제 없는 수준이다.

친구 레벨이란 자신의 친구에게 이야기하듯 설명하는 수준이다. 지식이 그렇게까지는 없는 사람, 일반인, 아마추어를 대상으로 하는 설명이다. 전문 용어를 자세하게 설명할 필요가 있다.

아동 레벨이란 자신의 자녀에게 이야기하듯 설명하는 수준이다. 지식이 전혀 없는 사람을 대상으로 하는 설명이다. '초등학생도 알 수 있도록', '연장자에게도 전달될 수 있도록'이라는 말을 종종 듣는데, 그런 수준으로 알기 쉽게 설명하는 것이다. 전문 용어는 생략하고 우리 주변의 일을 예로 들어서 설명한다.

참고로 유명 코미디언 니시노 아키히로(西野亮廣)는 연장자에게 '온라인 살롱'에 대해서 설명할 때 '팬클럽'이라고 바꾸어 말한다고 한다.

대략 듣는 사람의 수준을 가늠해 보고 거기서부터 설명 내용을 설계한다. '누구에게 전달할 것인지'를 파악한 후에 '무엇을 이야기할 것인지'의 순서로 설명한다. 순서도 중요하다.

프로 만담가는 만담 공연장, 인터넷 예능 프로그램, 초등학교 공연 등 상황에 따라서 이야깃거리를 바꾼다. 이야기를 시작하기 전에 '누구에게 전달할 것인지'를 명확하게 설정하기 때문이다.

여러 사람 앞에서 이야기하다 보면 내용에 신경을 쓰느라 '누구에게 전달할 것인지'를 잊어버리게 된다. 어느 레벨에 맞춰서 이야기할 것인지, 사전에 설정하도록 하자.

Road to Executive

일류는 듣는 사람의 수준에 맞는
용어를 사용한다.

 '누구에게 전달할 것인지', '무엇을 이야기할 것인지'의
순서로 이야기할 내용을 설계한다.

◆ 억양을 살려서 설명한다

삼류는 매가리가 없이 설명하고
이류는 억양을 의식해서 설명한다
일류는 어떻게 설명할까?

'오늘은~ 상대방에게 잘 전달되는 말하기 방법~ 세 가지를 알려 드리고자 합니다~'를 단조롭고 딱딱하게 말한다면 듣는 사람은 금방 질리고 말 것이다. 억양과 리듬이 있어야 듣기 좋다.

억양이란 음을 올리고 내리는 것이다. 영어로 '인터네이션(intonation)'이라고 한다.

'오늘(⌒)은 상대방에게 잘(⌒) 전달되(↗)는 말(↗)하기 방(↗)법 세 (↗) 가지를 알려 드리고자 합니(⌒)다'

이렇게 말하면 표현력이 풍부해 보이고 상대방에게 잘 전달된다.

억양 외에도 악센트라는 것이 있는데 강약을 뜻한다.

'오늘은(약) 상대방에게 잘(강) 전달되는 말(약)하기 방법 세(강) 가 지를 알려드리(약)고자 합니다'

'잘 전달되는 말하기 방법', '세 가지'의 부분을 세고 강하게 말해서 듣는 사람에게 임팩트를 주는 것이다.

또한 템포라는 것도 있는데 속도를 말한다.

'오늘은(빠르게) 상대방에게 잘(느리게) 전달되는 말(빠르게)하기 방법 세(느리게) 가지를 알려드(빠르게)고자 합니다'

'잘 전달되는 말하기 방법', '세 가지'의 부분을 천천히 느리게 말하면 이 역시 듣는 사람에게 임팩트를 줄 수 있다.

고저의 억양을 살리고 강약을 더해서 속도를 바꾼다. 이렇게 하면 당신의 설명은 마치 당신이 아닌 다른 사람이 말하는 것처럼 새롭게 들릴 것이다.

이렇게까지 자세하게 설명했는데, 이제 와서 이런 말을 하는 것은 좀 그렇지만 사실 일류는 억양, 악센트, 템포를 의식하지 않는다. 의식해서 하는 것이 아니라 자연스럽게 구사한다. 몸에 배어 있기 때문이다.

유명 코미디언 아카시야 산마는 억양의 프로다. 어느 날 TV에서 그가 '아! 그거 봤어요? 정말 재미있었죠?'라며 풍부한 표현력을 유감없이 발휘하며 이야기하는 장면을 봤다. '반드시 억양을 살려서 말해야겠다' 하는 의식적인 모습은 전혀 보이지 않았고 '자연스럽게 몸에 밴 억양을 구사하고 있다'라는 모습이었다.

18분 동안 프레젠테이션을 선보이는 테드(TED)라는 미국 제작 프로그램이 있다. 일본판 테드로 유명해진 사람이 있는데 바로 우에마쓰 전기의 우에마쓰 쓰토무라는 사장이다. '희망하면 이루어진다'라는 내용의 프레젠테이션이었는데, 나는 그가 이야기를 시작한 지불과 10초 만에 푹 빠져들었다. 그의 감정이 고스란히 마음속 깊이 전해졌기 때문이다.

사람은 누군가에게 꼭 전하고 싶은 말이 있으면 자연스럽게 감정이 실린다. 그리고 자연스럽게 억양이 살아난다. 당신도 경험한 적이 있을 것이다. 재미있게 관람한 영화나 맛있었던 식사, 즐거웠던 여행 등의 이야기를 할 때 자연스럽게 억양이 살아나지 않던가?

이를 평소 설명하는 상황에 활용해 보자.

① 진심으로 전달하고 싶은 메시지를 정한다.

② 감정을 표현하는 데 익숙해진다.

①은 당신이 말하려는 설명 속에 '죽는 한이 있더라도 반드시 전달한다'라는 메시지를 정하는 것이다. 이렇게 하면 단어에 감정이 실린다.

②는 평소의 대화가 중요하다. 자신의 감정을 솔직하게 표현하려고 하면 왠지 모르게 부끄러워진다. 그래서 감정을 표현하는 데 익숙해져야 한다. 맛있는 음식을 먹으면 그저 단순하게 '맛있다'가 아니라 '우와! 도대체 이게 뭐야? 무슨 음식인데 이런 맛이 나는 거야?'라고, 아름다운 야경을 봤다면 '오마이갓! 이런 곳이 있다니? 너무 멋지고 황홀하잖아!' 등 조금이라도 자신의 기분이나 감정을 표현해 보자. 이를 반복하다 보면 자연스럽게 억양이 살아있는 풍부한 표현력이 담긴 멋진 설명을 할 수 있을 것이다.

Road to Executive

일류는 감정을 담아서
설명한다.

평소의 대화에서 감정을 표현하고 억양이 자연스럽게
나오도록 한다.

삼류는 설명하느라 정신이 없고
이류는 듣는 사람의 귓속으로 배달한다
일류는 어디로 설명을 배달할까?

'설명이란 무엇인가?'라는 질문을 받으면 나는 이렇게 대답한다.

'자신의 머릿속을 상대방의 머릿속에 인스톨(install, 설치 또는 옮긴다)하는 것'이라고.

뭔가를 설명할 때 내용은 자신의 머릿속에 있다. 상대방의 머릿속에는 없다.

그래서 설명이 필요한 것인데 어떻게 하면 상대방에게 잘 전달할 수 있을까? 바로 자신의 머릿속에 있는 설명을 상대방의 머릿속에 그대로 배달하는 것, 즉 자신의 머릿속을 상대방의 머릿속으로 인스톨하는 것이다.

특히 사람들 앞에서 설명할 때 인스톨의 개념은 설명의 질에 큰 영향을 미친다. 그도 그럴 것이 여러 명이 듣고 있기 때문이다. 마치 영화 스크린에 영상을 비추듯 설명해야 많은 사람들에게 잘 전달할 수 있다.

이를 위한 좋은 방법을 하나 소개하겠다. 바로 **'연기법'**이다.

연기법이란 글자 그대로 연기를 하는 것이다. 만일 체험담을 이야기하는 경우라면 이런 식이다.

"저는 스무 살 무렵에 아버지께서 해주신 이야기를 지금도 소중히 여기고 있습니다. 아버지는 저에게 이렇게 말씀해 주셨어요. '리사야, 이 아빠는 리사가 후회 없는 삶을 살았으면 한단다. 그래서 리사가 하고 싶은 일을 했으면 좋겠구나'라고 말이죠. 그리고 이렇게도 말씀하셨어요. '아빠는 누가 뭐래도 네 편이란다'라고. 저는 아버지가 저에게 들려주신 이 말씀 덕분에 지금도 저 자신을 믿고 앞으로 나아갈 수 있습니다."

작은따옴표 부분을 마치 아버지가 이야기하듯 목소리를 굵게 해서 직접 연기를 펼치는 것이다. 그렇게 하면 듣는 사람의 머릿속에 리사와 리사 아버지가 대화를 나누는 장면이 그려진다.

보통 '말'로 먹고 사는 사람은 라쿠고(落語)를 배운다고 한다. 라쿠고가(落語家)는 그야말로 연기의 프로다. 라쿠고에는 등장인물이 여러 명 나오는데 이들은 등장인물이 실제로 그 자리에서 대화를 나누는 것처럼 실감나게 연기한다.

Youtube대학의 나카다 아쓰히코의 영상을 꼭 한번 시청해 보길 바란다. 많을 때는 등장인물이 10명 이상 나오는데 말하는 사람은 나카다 아쓰히코 한 명뿐이다. 그야말로 연기의 달인이다.

인간은 시각을 통해서 정보를 얻는 데 익숙하다. 아침에 일어나 잠들기 전까지 계속 눈을 뜨고 있고 눈을 통해서 정보를 얻는다. 익숙하기에 이해도 빠르다. 따라서 시각으로 접근하는 것이 가장 효과적이다.

그렇다면 숫자나 그래프를 설명할 때는 어떨까? 등장인물이 아무도 없지만 이때도 연기법을 활용한다.

가령 '세 가지의 포인트가 있습니다'라고 말할 때 손가락 세 개를 펴서 설명하지 않는가? 시각에 호소하기 위해서다.

'매출 1조 엔을 목표로 열심히 합시다'라고 말할 때는 두 번째 손가락을 펴서 '1'을 만들어 보이면 잘 전달된다.

그래프 추이를 설명할 경우 '작년은 전년대비 100%로 변화가 없었습니다'라고 말할 때는 손을 수평으로 좌우를 흔들면서 표현하고 '올해는 120%까지 회복했습니다'라고 말할 때는 왼손을 100%, 오른손을 120%로 오른손을 왼손보다 조금 더 높은 위치에 두면 얼마나 신장했는지를 시각적으로 보여줄 수 있다.

여러 사람 앞에서 설명할 때 사람들의 귓속에 단순하게 단어만 '배달'해서는 자신의 머릿속을 상대방의 머릿속으로 '인스톨'할 수 없다. **자신의 머릿속을 상대방의 머릿속으로 그대로 옮기고 투영하는 것이 중요하다.**

말하는 사람과 듣는 사람의 머릿속에 동일한 영상이 그려졌을 때 비로소 그 설명은 잘 전달되기 시작한다.

Road to Executive

 일류는 듣는 사람의
뇌에 전달한다.

 연기법으로 상대방이 자신의 머릿속에
영상을 그릴 수 있도록 한다.

삼류는 상품에 대한 이해가 없고
이류는 상품의 기능을 설명한다
일류는 무엇을 설명할까?

유능한 영업맨은 무엇을 설명할까?

이는 매우 중요한 문제다. 왜냐하면 이 질문에 대한 답은 영업뿐만 아니라 사내 기획 제안, 사외 광고, 누군가에게 어떤 행동을 촉구할 때 어떻게 설명하는 것이 효과적인지에 대한 답이기도 하기 때문이다.

결론부터 말하자면 **유능한 영업맨은 상품을 설명하지 않는다. 미래를 설명하는 데 심혈을 기울인다.** 인간의 구매 심리는 구매 후의 미래에 가치를 느낄 때 비로소 움직이기 때문이다.

예를 들어 SUV 차량의 광고를 보면 '이 자동차는 몇 마력으로 연비가 좋고 내구성이 우수해서…'라고 자세하게 설명하지 않는다. 아버지와 아들이 차에 올라타서 어딘가로 향하는 영상을 보여준다. 무척 행복한 부자의 모습을 연출한다.

이는 상품을 설명하는 것이 아니라 구입 후의 미래를 설명하는 것이다.

영업 업계에 '레전드'라 불리는 사나이가 있다. 바로 제페넷의 다카다 아키라 전 사장이다. 그는 통신 판매로 텔레비전을 하루에 1만 대나 팔아치운 프레젠테이션의 달인이다.

더욱 놀라운 그의 행적은 천연수를 판매했을 때다. 첩첩산중 맑은 물이 흐르는 영상을 내보낸다. 맑은 물은 시원하고 투명해서 보는 이의 마음까지 정화시켜 주는 듯하다.

이때 그가 던지는 말 한마디!

"손으로 바로 떠서 마시고 싶네요."

그리고 연이어 이렇게 말한다.

"바로 이 천연수를 페트병에 담아서 여러분의 자택으로 보내드립니다."

그러면 시청자는 첩첩산중의 맑은 물을 떠서 직접 마시는 듯 상쾌함을 느낀다. 아직 마셔보지도 않았는데 말이다. 이렇게 미래를 상상하게 만드는 말 한마디를 던질 수 있는 사람이 일류다.

다카다 아키라 사장이 은퇴한 후에도 제페넷의 매출은 1.3배나 신장했다. 이와 같은 상품 설명 방식이 사내에 뿌리 깊게 정착했기 때문일 것이다.

그렇다면 미래를 설명하려면 어떻게 해야 할까?

일류가 구사하는 마법의 질문이 있다. 매우 간단하다. 바로 '그렇게 하면 어떻게 될까요?'라고 묻는다. 이는 미래를 상상하게 만드는 강력한 물음(question)이다.

'만일 이 자동차를 구입한다면 자녀를 어디로 데리고 가고 싶은 가요?'

'만일 이 문제가 해결된다면 어떤 일이 이루어질 것 같나요?'

'만일 이 기술을 익힌다면 어떤 일에 도전하고 싶은가요?'라고 묻는다.

이렇게 질문하면 상대방의 뇌에 미래가 그려진다. 일류는 '그 미래를 이루어 보지 않겠습니까? 이 상품으로!'라며 클로징 단계로 들어간다.

영업뿐만 아니라 사내에 어떤 기획을 제안할 때도 '이 기획을 실행하면 회사가 어떻게 변할지'에 대해서 철저하게 설명한다. 그 미래가 듣는 이의 뇌에 영상으로 그려질 때 비로소 듣는 이의 마음이 움직인다.

일류는 누구보다 상상력이 풍부하다. 미래를 생생하게 그려낸다. 눈앞에 있는 사람의 가능성을 믿기 때문이다. 그리고 그 사람의 미래에 도움을 주고 싶다고 바라기 때문이다. 이런 생각이 멋진 미래를 그리는 원동력이 된다.

Road to Executive

일류는 상품 구입 후의
미래를 설명한다.

 멋진 미래를 상상하게 만든다.

삼류는 질문을 하면 얼어버리고
이류는 그 자리에서 필사적으로 대답하려고 한다
일류는 어떻게 대처할까?

고객 앞에서 프레젠테이션을 하거나 임원회의에서 제안을 하는 등 설명 후에 반드시 따라오는 것이 '질의응답 시간'이다. 듣는 사람이 어떤 질문을 던질지 모르기에 대처하기 가장 어려운 고난이도의 상황이다.

미국의 심리학자 N. H. 앤더슨은 '인간은 마지막으로 얻은 정보에 영향을 받기 쉽다'라는 **'친근 효과'**를 제창했다.

질의응답 시간은 제일 마지막 순서에 이루어진다. 성공하면 듣는 이에게 '훌륭하고 멋진 설명이었다'라는 인식을 심어줄 수 있지만 만일 실패하면 '알아듣기 힘든 설명이었다'라는 낙인이 찍힐 수도 있다.

여기서는 질의응답 시간을 성공으로 이끄는 방법을 소개하겠다.

질의응답 시간에 청중이 던지는 질문은 두 종류로 나눌 수 있다.

하나는 '의문(疑問)에서 나오는 질문'이고 다른 하나는 '이론(異論)에서 나오는 질문'이다.

예를 들어 사내 회의에서 '새롭게 개발하여 발매할 컴퓨터'를 제안했다고 하자. 한 차례 제품에 대한 설명이 끝나고 질의응답 시간이 찾아왔다.

'의문에서 나오는 질문'은 '전망은 어떻습니까?', '유통은 어떻게 할 거죠?' 등 글자 그대로 의문스러운 점을 해소하기 위한 질문이다.

'이론에서 나오는 질문'은 '예전에도 비슷한 것이 있지 않았나요?', '정말로 소비자 욕구가 있습니까?' 등이다. 즉 '찬성할 수 없다'라는 의미의 질문이다.

의문은 해소하면 끝이지만 이론은 납득할 수 있는 답을 제시해야 한다. 이를 하나로 섞어 버리면 필사적으로 대답한들 상대방이 원하는 답에는 도달할 수 없다.

그래서 일류는 **예상 문답을 만든다.** 예상 문답이란 '이런 질문이 나올 것이다'라고 미리 예상되는 질문을 뽑아서 그에 대한 답을 준비하는 것이다.

상품 설명을 예로 들어 보겠다. 의문에서 나오는 질문의 경우는 사양, 조작 방법, 비용, 발매 스케줄 등 모든 항목을 목록으로 만들어서 본인이 직접 사용해 보고 답할 수 있도록 준비한다.

이론에서 나오는 질문은 한마디로 반대 의견이다. 대부분의 사람들이 고전을 면치 못하는데 사전에 반론을 당할 만한 항목을 모두 확인한다.

이때 적극적으로 추천하고 싶은 방법이 있다. **천사와 악마의 시점에서 '나 홀로 회의'를 여는 것**이다. 천사는 긍정적인 생각, 악마는 부정적인 생각이다.

천사: "이번에는 업계 최경량에 도전해 봤습니다."

악마: "최경량이면 잘 팔리나?"

천사: "작년에 판매 수가 가장 많이 늘어난 것이 경량형입니다."

악마: "○○사의 컴퓨터는 중경량인데도 잘 팔리지 않았나?"

이런 식으로 본인 스스로 자신의 제안을 반박해 보는 것이다. 그리고 반박에 대해서 답하는 형태로 미리 답변을 준비해 둔다. 이것이 제일 중요한 포인트다. 대개 제품이나 기획이 좋아서 제안하는 것이기에 반박당할 것을 대비해서 설명 내용을 만들어 두지 않는다. 그렇기에 악마의 달콤한 속삭임이 필요한 것이다.

일류가 항상 자신 있게 당당하게 말하는 것처럼 보이는 이유는 무엇일까? 어떤 질문이 날아오든 차분하고 냉정하게 대답할 수 있도록 만만의 준비를 해놓기 때문이다. 자신감은 절로 생기는 것이 아니다. 얼마만큼 그것에 시간을 투자하고 준비했는지가 씨앗이 되어서 자신감의 싹을 틔우는 것이다.

Road to Executive

 일류는 미리 준비해 둔 답변을
전달한다.

 예상 문답을 완벽하게 준비해 둔다.

Chapter 5

원격 및 메일을 통한 설명

삼류는 어색한 분위기에 사로잡히고
이류는 다짜고짜 본론부터 시작한다
일류는 어떻게 시작할까?

최근에 원격(remote)으로 회의를 진행하는 경우가 늘고 있다. 코로나바이러스 감염증-19(COVID-19)가 발생하기 이전에 나는 전국을 누비며 세미나와 연수, 면담을 진행했다. 출장비만 연간 200만 엔을 넘게 썼다. 그런데 이제는 '0엔'이다. 도쿄에서 단 한 발자국도 나가지 않는다. 다만 사람들과 이야기할 기회는 코로나 이전보다도 압도적으로 늘었다. 원격을 통해서 원거리에 있는 사람과 손쉽게 접속할 수 있게 되었기 때문이다.

최근 1년 사이에 매일 다양한 사람들과 원격으로 회의하고 설명할 기회가 생겼다. 나는 이 기회를 통해서 '원격으로 사람들에게 설명을 시작하는 방식에는 두 가지 경우가 있다'는 것을 알았다.

① 잡담을 조금 나누나가 본론으로 들어가는 것이 좋은 경우
② 단도직입적으로 본론으로 곧바로 들어가는 것이 좋은 경우

그리고 원격에서는 ①이 좋을지 ②가 좋을지를 빠르게 파악하는 것이 매우 중요하다는 점도 동시에 깨달았다.

그렇다면 어떻게 하면 빠르게 파악할 수 있을까? 초반에 다음과 같이 '잽'을 날려 보면 알 수 있다.

'안녕하세요. 오늘 이렇게 시간을 내주셔서 감사합니다. 요즘 날씨가 참 덥군요.'

'시대가 시대이니만큼 요즘 원격으로 대화를 나눌 기회가 많아졌지요?'

'외출할 기회가 꽤 줄어들지 않았습니까?' 등

이런 질문에 상대방이 어떻게 반응하는지를 살피는 것이다.

'맞아요!'라며 이런저런 이야기를 들려주는 사람이라면 조금 잡담을 나누면서 분위기를 부드럽게 만든 후에 본론으로 들어가면 상대방도 긴장이 완화되어서 설명을 편하게 들을 수 있다.

다만 잡담이 너무 길어지면 시간을 낭비할 수 있으니 그런 경우에는 '제가 너무 들떠서 주저리주저리 떠들었군요. 소중한 시간을 내주셨는데, 이제 본론으로 들어가도록 하겠습니다'라며 설명을 시작한다.

반면에 '네, 그럭저럭'이라며 별다른 반응이 없다면 곧바로 본론으로 들어간다.

물론 대화가 서툴고 평소에도 반응이 별로 없는 사람도 있다. 그런 경우라도 곧바로 본론으로 들어간다. 이런저런 이야기를 나누려고 애쓰면 오히려 불편해하고 싫어할 수 있다.

먼저 '잽'을 날려 보고 상대방의 반응을 살핀 후에 상대방이 원하는 쪽을 선택하자.

'원격이라고 해서 뭔가 다를 줄 알았는데, 직접 만나서 이야기하는 것과 별반 다르지 않다'라고 생각할지도 모르겠다. 맞는 말이다.

그런데 원격과 대면은 얻을 수 있는 정보의 양이 확연히 다르다.

대면은 시각과 청각, 체감을 통해서 현장의 분위기나 상대방의 목소리 톤 등을 실시간으로 파악할 수 있다.

하지만 원격은 그리 간단하지 않다. 주변 분위기를 감지하기 어렵고 서로 시선을 주고받을 수 없기에 표정을 읽기 힘들다. 또한 통신 장애가 발생하면 상대방의 목소리가 들리지 않는 사고도 발생할 수 있다. 즉 상대방의 상태를 실시간으로 파악하기 어렵다. 그래서 앞과 같이 '잽을 날려 보는 밑 작업'을 통해서 상태를 살펴야 한다.

원격은 대면보다도 더 세심하게 상대방을 살피고 배려하는 등 상대방의 상태를 파악하려는 노력이 필요하다.

설명으로 들어가기 전의 배려, 이런 상대방에 대한 배려는 본론에 큰 영향을 미친다.

Road to Executive

> # 일류는 상대방의
> # 반응에 맞춘다.

 설명을 시작하기 전에 '잽'을 날려 보고
상대방의 상태를 파악한다.

삼류는 설명에 진척이 없고
이류는 일방적으로 설명을 진행한다
일류는 어떻게 할까?

우리 회사에서는 코로나바이러스 감염증-19가 발생한 이후 1,000건 이상의 온라인 세미나와 연수를 진행하고 있다. 이를 통해서 '**원격은 집중력이 끊기기 쉽다**'라는 점을 알게 되었다.

이어폰 마이크의 소음이 크거나 도중에 음성이 끊기거나 통신 장애로 화면이 정지하는 등 집중력을 떨어뜨리는 요소가 너무나도 많았다. 자택의 경우 애완견이 짖거나 초인종 소리와 함께 택배가 도착하는 등 대면 상황에서는 절대 일어나지 않을 일이 원격에서는 일어났다.

그렇다면 원격에서 어떻게 하면 듣는 사람의 집중력을 유지시킬 수 있을까?

정답은 '함께 행동하는 것'이다. 즉 마라톤의 반주(伴走)와 같이 설명하는 사람과 듣는 사람이 함께 설명을 진행해 나가는 것이다.

일방적으로 설명하면 앞에서 언급했던 통신, 음성, 주변 환경의 영향으로 듣는 사람의 집중력이 쉽게 끊기고 만다. 따라서 듣는 사람에게도 가능하면 말할 기회를 많이 주는 것이다.

구체적으로 세 가지 방법이 있다.

첫 번째 방법은 질문을 통해서 대화를 이끌어 나간다.

'○○에 대해서 이야기하고자 하는데요. 평소에 궁금했던 점은 없으신가요?'

'저는 ○○○이 중요한 포인트라고 생각하는데 혹시 다른 건 없을까요?'

등 설명 중간 중간에 질문을 던지는 것이다.

두 번째 방법은 듣는 사람의 합의를 얻으면서 대화를 이어나간다.

'여기까지 의문스럽거나 궁금하신 점은 없나요?'

'괜찮으시면 다음으로 넘어가도록 하겠습니다.'

등 마라톤의 중계 지점과 같이 듣는 사람에게 합의를 얻으면서 진행해 나간다.

세 번째 방법은 듣는 사람이 안심하고 그런 후에 대화를 나눌 수 있도록 한다.

'궁금하신 점이나 의아한 점이 있으면 설명 도중이라도 괜찮으니 꼭 말씀해 주세요.'

'질문이 있으면 바로바로 말씀해 주세요.'

라고 먼저 듣는 사람에게 당부하면 대화하기 편안한 분위기를 조성할 수 있다.

그렇다면 여러 사람에게 동시에 설명하는 경우는 어떻게 해야 할까? 결론은 마찬가지다. 대화하면서 설명해 나간다. 대화라고 해서 반드시 말이 필요한 것은 아니다.

'여기까지 궁금하신 점은 없나요?', '이런 때 곤란하시지요?', '어떤가요?', '이런 것도 생각해 볼 수 있겠습니다' 등과 같이 듣는 사람에게 어떤 답을 얻으려는 것은 아니지만 이런 종류의 질문을 던지고 듣는 사람의 수긍이나 반응을 확인하면서 진행해 나간다. 이를 나는 '1인 질문'이라고 부른다.

'1인 질문'을 던지는 것만으로도 듣는 사람은 원격에 참여한 사람들과 대화를 나누고 그 자리의 분위기를 함께 만들고 진행해 나간다고 느낀다.

또한 **시선을 맞추는 것도 또 다른 대화 방법이다.** PC 화면을 보고 이야기를 하면 듣는 사람과 시선을 마주치지 못한다. 카메라를 봐야 마주칠 수 있다. 계속해서 카메라를 보고 이야기하는 것은 어렵지만 정기적으로 카메라에 시선을 보내고 눈맞춤(eye contact)을 시도한다. 이 역시 커뮤니케이션이다.

상대방의 집중력까지도 배려하는 것, 이것이 일류의 수준이다. 일류의 설명은 항상 상대방을 전제(base)로 구성된다.

Road to Executive

일류는
대화형으로 설명한다.

 질문, 합의, 안정을 통해서 함께 진행해 나간다.

삼류는 구두로만 설명하고
이류는 자료로만 설명한다
일류는 어떻게 할까?

원격에도 장점이 많다. '언제든 접속할 수 있다', '다양한 사람과 이야기를 나눌 수 있다', '이동할 필요가 없다' 등 다양한데 아마도 '빠르게 자료를 공유할 수 있다'가 원격을 통한 설명에서 가장 획기적인 변화이자 장점이 아닐까 싶다.

물론 대면에서도 자료를 배부하면 빠르게 공유할 수 있겠지만 차원이 다르다.

가장 큰 차이점은 '듣는 사람의 시선'이다.

대면에서는 자료를 배부한 순간 듣는 사람의 대부분이 받은 자료로 시선을 옮긴다. 설명하는 사람의 말은 안중에도 없고 자료를 쓱쓱 넘기며 읽는 사람도 있다.

그런데 원격의 경우는 다르다. 화면 모니터에 자료를 띄운 순간 듣는 사람의 시선은 화면으로 향한다. 즉 설명하는 사람과 자료로 시선이 향하는 것이다.

그러니 이를 활용하지 않을 이유가 없다.

자료만으로 설명한다면 얼마나 안타까운 일인가? **'자료+표정+몸짓'을 모두 활용해서 설명하고 전달해야 한다.**

학창 시절에 누구나 칠판에 적힌 글자를 빤히 쳐다보다가 졸았던 경험이 있을 것이다. 재미있는 수업은 선생님의 표정과 행동이 살아있다. 칠판의 내용은 물론 교탁 앞에서 선생님이 마치 활극을 펼치듯 생동감 넘치게 설명한다. 그래서 따분하지 않다.

'자료만으로 전달한다'와 '자료+표정+몸짓으로 전달한다'를 비교하면 두말할 필요도 없이 후자가 더 효과적이다.

이런 원격의 편리함을 최대한 활용하기 위해서는 모니터 화면을 100% 사용해야 한다.

그래야 한다.

듣는 사람이 자료에 집중하고 있을 때는 자료를 메인으로 설명하는 시간.

듣는 사람이 대강 이해했을 때는 몸짓이나 표정을 메인으로 설명하는 시간.

듣는 사람에게 인상을 남기고 싶을 때는 일단 자료 띄우기를 멈추고 일부러 표정이나 몸짓으로만 설명하는 시간.

그리고 다시 자료를 띄운다.

이렇게 모니터 화면에 변화를 주는 것이다.

우리 회사에서도 세미나 또는 연수를 진행할 때 다음의 세 가지 방법을 왔다갔다한다.

- 자료를 메인으로 설명한다.
- 표정이나 몸짓을 메인으로 한다.
- 일부러 표정이나 몸짓만으로 전달한다.

코로나19 감염증이 발생한 이후 전국에서 강사들이 모여서 여러 번 온라인 연습을 했다. 그 결과 마치 TV를 보는 듯 화면을 전환하는 요령을 익히게 되었다.

스티브 잡스가 신제품 프레젠테이션에서 무대를 100% 활용하고 슬라이드, 표정, 움직임 등을 통해서 설명하는 것과 마찬가지로 말이다. 역시 단조로움은 쉽게 질리고 만다. 원격은 화면을 100% 사용해서 변화를 줄 필요가 있다.

일류는 활용할 수 있는 모든 것을 활용한다. 그래야 듣는 사람에게 잘 전달되기 때문이다. 100% 활용하고 최선을 다해서 전달하려고 노력한다. 이런 열정 어린 설명은 반드시 듣는 사람의 마음을 사로잡는다.

Road to Executive

일류는 화면을 100% 활용해서 설명한다.

 화면에 변화를 준다.

삼류는 당황해서 미처 대처하지 못하고
이류는 그 자리에서 해결하려고 한다
일류는 어떻게 대처할까?

원격에서 '인터넷 연결이 끊겼다', '소리가 들리지 않는다', '화면이 멈췄다' 등 예상하지 못했던 사고가 발생하면 어떻게 해야 할까?

이는 원격에서 일어날 수 있는 문제점이다. 원격으로 설명할 때 통신 장애는 떼려야 뗄 수 없는 사고다. 이는 어떤 의미에서 어쩔 수 없는 일이기도 하다.

따라서 그에 대한 대처가 무엇보다 중요하다.

사고가 발생했을 때 일류는 당황하지 않는다. 냉정하고 침착하게 행동한다. 어떻게 그렇게 행동할 수 있을까? 이유는 '미리 예상했던 범위 내'의 사고이기 때문이다.

실화를 하나 소개하겠다.

예전에 내가 원격으로 면접을 봤을 때의 일이다. 갑자기 면접자 컴퓨터에 문제가 생겨서 목소리가 들리지 않았다. 면접이라는 자리이니만큼 보통은 당황하기 마련인데 면접자는 그렇지 않았다.

죄송하다며 3분 정도만 기다려 달라고 했다. 그리고 3분 후에 면접자의 목소리가 다시 들리기 시작했다.

나는 '어떻게 하신 건가요?'라고 물었다. 면접자는 '만일의 경우를 대비해서 컴퓨터를 한 대 더 준비해 두었습니다'라고 답했다.

설마 컴퓨터를 한 대 더 준비했을 줄이야? 만일의 경우를 대비한 것도 대단하지만 차분하게 대처하는 모습을 보고 나는 '이 사람은 꼭 채용해야겠다'고 마음먹었다.

그는 현재 왕성하게 활동하고 있다.

사고가 발생하더라도 조금의 흐트러짐 없이 차분하게 설명에 임하려면 '미리 어떤 사고가 발생할지 예상해 보는 것'이 중요하다. 그렇다면 어떤 사고와 문제점을 예상해 볼 수 있을까?

① 소리가 들리지 않는다.

설정에 문제가 있는 경우가 많다. 이어폰 마이크를 사용할 때 마이크 자체에 문제가 있는 경우도 있다. 어떤 문제가 발생할지 예상해 보고 어떻게 대처할지를 미리 준비해 둘 것을 추천한다. 상대방에게 문제가 생겼어도 사전에 알아두면 상대방에게 조언을 할 수 있다.

② 화면이 멈춘다.

대부분의 경우 통신의 문제다. 환경 설정을 바꾸거나 잠시 기다리면 다시 화면이 돌아오는 경우도 있다.

상대방의 화면이 멈췄을 때 '괜찮나요?', '들리나요?', '저기요!'라고 연발하면 상대방이 당황할 수 있으니 연결이 다시 될 때까지 웃는 얼굴로 기다리자.

③ **연결이 끊긴다**(화면이나 소리에 버퍼링이 걸린다).

이 역시 통신 문제가 크다. 계속해서 이런 현상이 발생한다면 접속을 끊고 다시 연결을 시도해 본다.

설명 도중에 갑자기 연결이 끊기면 어디까지 설명했는지 잊어버릴 수 있다. 문제는 다시 연결되었을 때다. 갑자기 설명을 시작하면 상대방이 어디까지 들었는지 알 수 없다. '어디까지 들으셨죠?'라고 확인하고 거기서부터 설명을 재개한다.

예전에 교세라의 이나모리 가즈오 명예회장이 운영했던 경영 아카데미 세이와주쿠를 다니면서 '비관적으로 계획하고 낙관적으로 실행하라'라는 가르침이 얼마나 중요한지 여러 번 경험했다. 사고나 문제가 일어날 것을 전제로 준비하고 실전에서는 다이나믹하게 움직여라. 이는 내 삶의 원동력이다.

사고가 발생하면 누구라도 당황스럽고 안절부절못한다. 그렇기에 문제가 발생할 것을 미리 예상하고 준비해야 한다. 이런 냉정함을 갖추고 있으면 언제든 차분하게 설명할 수 있다.

Road to Executive

일류는 미리 준비해 놓은
대응책을 쓴다.

 예상되는 문제에 대한 대응책을 미리 생각해 둔다.

삼류는 긴 메일을 보내고
이류는 짧게 정리한 메일을 보낸다
일류는 어떤 메일을 보낼까?

메일을 보낼 때 당신은 어떻게 보낼지에 대해서 고민해 본 적이 있는가?

'결론부터 적는다', '요점을 정리한다', '짧게 정리한다' 등 모두 중요한 포인트다.

그런데 이것만으로는 부족하다. 메일은 하루에도 50~100통이 우습게 날아오지 않은가? 메일을 확인하는 데만 상당한 시간이 소요된다.

메일을 받는 사람(수신인)은 이런 부담을 줄이고 싶을 것이다. 그래서 메일을 보내는 사람(발신인)에게 다음과 같은 기대를 건다.

첫 번째 기대는 '뭘 해주길 원하는지에 대해서 구체적으로 기재'해주길 바란다.

이것저것 적혀 있는데, 결국 '뭘 하면 좋을지'를 파악하기 힘든 메일.

정리된 내용이지만 '그래서 어떻게 하면 좋은 거야?'라는 생각이

드는 메일이다.

이런 종류의 메일은 수신인을 매우 곤란하게 만든다.

따라서 반드시 앞부분(제목)에 '무엇을 하면 좋을지'에 대해서 명기할 필요가 있다.

【○○의 당부】,【○○ 확인】,【○○ 상담】→ 바라는 것을 명확하게 기재한 경우.

【○○ 알림】,【○○ 연락】,【○○ 공유】→ 읽기만 하면 되는 경우.

두 번째 기대는 '간단하게 답장을 보낼 수 있는 내용으로 기재'해 주길 바란다.

예를 들어 '어떻게 생각하십니까?', '의견이 있으신가요?' 등과 같은 질문은 하나에서 열까지 곰곰이 생각해야 하므로 수신인의 뇌에 적지 않은 부담을 준다.

깊게 생각하지 않아도 되는 메일은 이런 메일이다.

'세 가지 안이 있습니다. 이렇게, 이렇게, 이렇게. 저는 첫 번째 안으로 진행하고 싶은데 어떠신가요?'

이렇게 쓰면 '예', '아니오'로 답할 수 있다. '아니오'라고 해도 어느 정도 시안이 있기 때문에 이유를 언급하기 쉽다.

또한 '이번에는 ○○로 진행하고자 합니다. 혹시 신경 쓰이는 부분이 있다면 지적해 주세요'라고 쓰면 '지적할 것이 없다', '이 부분이 신경 쓰인다' 등 답변을 작성하기 수월하다. '○○'라는 구체적인 재료가 있기에 구체적으로 대답하기 쉬운 것이다.

세 번째 기대는 '한 번으로 끝낼 수 있는 메일이면 좋겠다'라고 바란다.

여러 번 답장을 주고받아야 하는 메일은 심적 부담이 크다.

'○○회사에 견적을 제출했습니다. 답변을 기다리고 있습니다.'

'언제까지 답을 받을 수 있을 것 같은가?'

'일주일 정도 걸린다고 했습니다.'

'느낌이 어떤가?'

'나쁘지 않은 것 같습니다.'

'나쁘지 않다는 건?'

이렇게 여러 번 답장을 주고받아야 하는 메일은 서로 피곤하게 만든다. 따라서 수신인이 알고 싶어 하는 것부터 먼저 전달하는 것이 좋다.

지금은 채팅, SNS, 메신저 등 다양한 전달 매체가 존재한다. 손쉽게 보낼 수 있다고 해서 수신인이 느낄 부담감을 배려하지 않는 글은 수신인의 시간을 빼앗는 것과 같다. 글로벌 컨설팅 업체인 맥킨지의 분석에 따르면 비즈니스맨은 평균적으로 **근무 시간의 28%나 메일 업무에 소비한다**고 한다. '수신인에게 부담을 주지 않겠다는 배려가 담긴 메일'을 보내면 수신인의 시간을 창출하는 결과까지 낳을 수 있다.

Road to Executive

**일류는 수신인의 부담을 줄이는
메일을 보낸다.**

 구체적으로, 간단하게,
한 번으로 끝낼 수 있는 메일을 보낸다.

삼류는 그냥 문장으로 설명하고
이류는 평범한 항목으로 나눠서 설명한다
일류는 어떤 항목으로 나눠서 설명할까?

항목으로 나누는 방법은 다양한 경우에 활용할 수 있다. 회의 자료, 프레젠테이션 자료는 물론 메일이나 SNS에도 유용하다. 종종 장황하고 긴 글을 접하게 되는데 항목으로 나눠서 기재하면 보다 빨리 이해할 수 있기에 읽는 사람도 선호한다. 다만 항목으로 나눠서 기재하는 방법에도 레벨이 존재한다. 삼류, 이류, 일류 말이다.

일단 다음을 봐주길 바란다. 고객에게 히어링을 한 결과를 보고하는 상황이다.

[삼류]

"○○회사를 대상으로 히어링을 진행했습니다. 직원들 간의 커뮤니케이션이 원활하지 못하고 특히 임원의 경우 부하 직원의 이야기를 자기 마음대로 끊거나 도중에 자신의 의견을 내는 등 직원의 이야기를 잘 듣지 않으려는 경향이 있습니다. 원래는 현장의 목소리를 좀더 반영하고 싶은데, 의견이 나오질 않아서 의견을 귀담아

들을 수 있는 환경을 조성하고 싶다는 요망이 있었습니다. 다음번에 임원을 대상으로 한 연수 플랜을 제안하기로 해서 7월 23일(금)에 다시 방문할 예정입니다."

[이류] 〈○○회사의 히어링 결과〉
- 직원들 간의 커뮤니케이션이 원활하지 않다.
- 특히 임원은 부하 직원의 이야기를 자기 마음대로 끊거나 도중에 자신의 의견을 말한다.
- 원래는 좀더 현장의 목소리를 듣고 반영하고 싶다.
- 임원이 직원들의 의견을 잘 들어줬으면 하는 바람이 있다.
- 임원을 대상으로 한 연수 플랜을 제안한다.
- 다음 방문은 7월 23일(금)이다.

[일류] 〈○○회사의 히어링 결과〉

○ **현재 문제점**
- 직원들 간의 커뮤니케이션이 원활하지 않다.
- 임원은 부하 직원의 이야기를 자기 마음대로 끊거나 도중에 자신의 의견을 말한다.

○ **대응책**
- 현장의 목소리를 좀더 쉽게 들을 수 있도록 한다.
- 임원이 부하 직원의 이야기를 잘 들을 수 있도록 한다.

○ 향후 흐름

• 임원을 대상으로 한 연수 플랜을 제안한다.

• 7월 23일(금)에 재방문한다.

항목으로 나눠서 기재할 때 이해하기 쉽게 하기 위한 세 가지 포인트가 있다.

첫 번째 포인트는 그룹핑이다. 현재 문제점, 대응책, 향후 흐름과 같이 그룹으로 나누면 깔끔하게 정리되어서 보기에도 편하고 이해하기도 쉽다. 또한 궁금한 점이나 의문스러운 부분을 곧바로 확인할 수 있다.

두 번째 포인트는 한 줄을 30자 내외로 맞춘다. 최근 뉴스 미디어의 타이틀은 30자 내외가 기준이다. 구글(Google)의 검색 결과 표지도 29자로 설정되어 있다. 사람이 한눈에 읽고 이해할 수 있는 문자의 길이가 30자 정도이기 때문이다.

세 번째 포인트는 항목을 세 가지로 줄인다. 그룹핑을 하더라도 10개, 20개의 항목으로 나눈다면 읽을 의욕이 생기지 않는다. '항목'의 개수가 많아질 경우 그룹을 따로 나눈다.

전체적인 이미지를 빠르게 파악할 수 있고 알고 싶은 정보가 한눈에 들어오는 것, 이것이 보기 편하고 이해하기 쉬운 항목 쓰기의 정석이다. 대강 나누지 않고 상대방을 배려하고 생각하고 연구하는 것이 일류의 설명이다.

Road to Executive

일류는 읽기 편하도록 항목으로
나눠서 기재하고 설명한다.

 알고 싶은 부분이 한눈에 쏙 들어오는
기재 방법을 구사한다.

설명의 일류가
되기 위한 각오

삼류는 누구라도 가능한 설명을 하고
이류는 AI라도 가능한 것을 설명한다
일류는 어떤 설명을 할까?

AI(Artificial Intelligence, 인공 지능)가 엄청난 속도로 진화하고 있다. 곤란하거나 어려운 일이 생기면 그것이 무엇이든지 AI이 해결책을 제시해 준다.

이런 시대가 우리들 코앞까지 왔다.

그렇다면 커뮤니케이션 분야는 어떨까?

언어를 처리하는 AI가 개발되고 있다. 만일 언어를 처리할 수 있는 AI가 실현된다면 접객 로봇이 출현할 것이고 최적의 서비스를 설명해 줄 것이다.

머지않아 '그런 설명은 AI에게 맡겨라'라고 말하는 시대가 올지도 모른다.

그러나 AI에게도 불가능한 것이 있다. 바로 사람의 감정을 알아차리고 판단하는 작업이다. **사람이 내뱉는 말은 반드시 언어 본래의**

의미만을 나타내지 않는다.

'아무렇지 않은 척하지만 평소랑 다르다.'

'그렇게 말하지만 본심은 그게 아닌 것 같다.'

등 이런 복잡한 감정을 파악할 수 있는 능력은 오직 인간에게만 있다.

물론 감정 분석의 분야에서도 AI의 연구가 활발히 진행 중이다. 목소리나 표정을 통해서 그 사람의 기분을 파악하고 판단하는 시스템이다.

하지만 이 역시 과거의 데이터에 기초해서 도출된 답일 뿐이다. 눈앞의 상대방이 정말로 지금 그렇게 느끼는지 아닌지는 직접 만나서 대화를 나눈 사람이 아니고서는 알기 어렵다.

'딱히 용건은 없지만', '아무 일 없으면 됐어'와 같은 안부 전화.

이런 전화를 건 배경에는 필시 어떤 다른 감정이 있을 것이다. 이를 알아차리는 능력은 로봇보다 인간이 훨씬 더 뛰어나다.

상대방의 기분을 알아차리는 것이다. 이는 이 책의 핵심 주제 (concept)라고 할 수 있다.

'상대방이 기대하는 설명이란?'

'상대방의 기대를 뛰어넘는 설명이란?'

상대방을 기점(起點)으로 어떤 설명을 할 것인지를 고민하고 생각하

는 것, 이것이 당신에게 가장 말하고 싶고 전하고 싶은 핵심이다.

커뮤니케이션의 본질은 상대방의 입장에서 생각하고 움직이는 것이다. 일류는 그 본질을 꿰뚫고 있다.

그렇다면 상대방의 입장에 선 커뮤니케이션을 실천하려면?

바로 '경험'이다. 경험 외에 다른 방법은 없다.

다양한 사람과 만나고 대화하고 커뮤니케이션을 나눈다. 서로 상처도 주고 상처도 받으면서 좋은 것이든 나쁜 것이든 다 경험하는 것이다. 그리고 상대방의 감정을 알아차리고 파악하는 힘을 갈고닦는 것이다.

영업맨 중에 영업 스킬을 완벽하게 익힌 후에 고객을 찾아가려는 사람이 있는데, 그래서는 안 된다. 틀린 방법이다. 영업 스킬은 고객과 만나야 좋아진다.

설명도 마찬가지다.

설명을 잘할 수 있게 된 후가 아니라 설명할 기회를 많이 갖고 설명을 많이 하다 보면 실력이 좋아지는 것이다.

눈앞에 서 있는 상대방의 감정을 알아차리고 그에 맞게 설명한다. 이런 수준에 도달하면 AI는 절대로 실현할 수 없는 인간의 따뜻한 정(情)이 흐르는 진정한 대화가 가능해질 것이다.

Road to Executive

일류는 상대방의 감정을 반영한
설명을 한다.

 경험을 통해서 감정을 파악하는 능력을 갈고닦는다.

삼류는 안절부절못하기 시작하고
이류는 끝까지 설명을 이어나간다
일류는 어떻게 할까?

'여러 번 설명해도 상대방이 이해하지 못한다…' 당신에게도 이런 경험이 있을 것이다. 가령 여러 번 설명했는데 같은 실수를 반복한다거나 열심히 설명하는데 딴생각을 한다거나 납득이 가지 않는다는 표정을 짓는 등 말이다.

상대방이 이렇게 행동하면 당신도 사람이니 안절부절못할 수밖에 없다. 혹은 오기가 생겨서 자세하게 설명하려고 애를 쓸지도 모르겠다. 그런데 공부하기 싫은 아이에게 아무리 '공부하라'고 한들 공부를 하던가? 소귀에 경 읽기, 호박에 침주기가 아니던가? 오히려 억지로 강요하면 반항심만 키울 수 있다.

이럴 때 잘 듣는 특효약이 있다. 바로 설명하지 않는 것이다. **일단 설명을 포기하고 시간을 두고 상대방의 이야기에 귀를 기울인다.** 같은 실수를 반복하는 이유가 무엇인지, 집중하지 못하는 이유가 무엇인지, 납득이 가지 않는 부분은 어디인지 등을 살피는 것이다. 반드시 이유가 있을 것이다. 짧게 5분이라도 좋으니 최선을 다해서 그 이유를 찾아보자.

우리 회사가 운영하는 스쿨에는 심리상담사 자격증을 보유한 사람이 다수 소속되어 있는데 카운슬링(counseling)을 배울 때 제일 처음으로 철저하게 훈련받는 것이 있다고 한다. 바로 '경청(傾聽)'이다. 상대방을 이해하기 위해서는 상대방의 이야기를 주의 깊게 '듣는 힘'을 철저하게 갈고닦아야 하기 때문이다.

'듣는다'라고 말하면 수동적인 자세라고 오해할 수 있는데 그렇지 않다. **'듣는다'는 것은 '당신의 이야기를 듣고 있다'라는 메시지를 발신하는 것과도 같다.** 그야말로 수신과 발신을 겸비한 행위다. 이것이 바로 '경청'이다.

내가 대학을 막 졸업하고 입사한 직장은 2004년에 도쿄 증시 1부에 상장한 회사였다. 그런데 2008년에 폐업하고 말았다. 2,000명이 해고되는 큰 사건이었다.

당시 나는 폐업 처리를 담당하는 팀에 소속되어 폐업 경위를 직원들에게 설명하기 위해서 상사와 전국 각지를 돌아다녔다. 갑작스럽게 직장을 잃게 된 직원들은 치밀어 오르는 분노를 참지 못했다. 설명회장은 '지금 장난해?', '무슨 소리야?'라는 험한 말이 오가는 아수라장을 방불케 했다. 눈물바다가 되는 곳도 있었다.

그런데 이런 상황 속에서 상사는 항상 침착하게 행동했고 울거나 화를 내는 직원들의 이야기에 귀를 기울였다. 그러면 설명회장의 분노와 울음은 서서히 잦아들었고 정숙해졌다. 마지막에는 이런 일이 벌어지게 된 이유를 설명할 기회도 주어졌다.

흔히 '상대방의 이야기를 들어라'라고 말한다. 그런데 이것만큼 어려운 일은 없다. 오랫동안 교육업계에 몸담고 있지만 상대방의 이야기에 관심을 갖고 진심으로 귀를 기울여 들어주는 사람이 몇이나 있을까 하는 생각이 든다. 실제로 거의 본 적이 없다. 나도 그렇다. 아직도 수행 중이다.

따라서 당신도 듣는 힘을 갈고닦았으면 한다. 그것만으로도 당신의 희소가치는 몇 배나 높아질 것이다.

인간에게는 '반보성(反報性)의 원리'라는 것이 있다. 상대방이 뭔가를 해주면 그에 보답하고자 하는 심리다. 아무리 설명해도 상대방의 이해를 얻지 못할 때는 상대방의 이야기에 귀를 기울여 보자. 그러면 상대방이 당신의 이야기에 귀를 기울여 주는 순서가 찾아올 것이다.

일류는 설명하는 것과 듣는 것을 한 세트로 생각한다. 이는 '전달하는 것'이 아니라 '전해지는 것'이 목적이기 때문이다. 상대방에게 전해져야 비로소 의미가 있지 않은가? 그런 수준 높은 설명을 위해서 일류는 일단 설명을 포기하는 것도 마다하지 않는다.

Road to Executive

일류는
일단 설명을 포기한다.

 상대방의 이야기에 귀를 기울이고 전달되지 않는
이유를 찾는다.

삼류는 설명을 못한다고 생각하고
이류는 설명을 잘한다고 생각한다
일류는 어떻게 생각할까?

'설명이라면 자신 있습니다', '말을 잘하는 편입니다'라고 말하는 사람은 대개 이해하기 어려운 설명을 한다.

애초에 '말을 잘한다', '말을 못한다'는 누가 정하는 것인가? 바로 상대방이다. '말을 잘한다'의 정의도 상대방이 어떤 사람이냐에 따라서 달라진다.

그럼에도 '나는 말을 잘한다'라고 과신하면 어떻게 될까? 이야기가 잘 통한다고 생각했는데 상대방은 전혀 이해하지 못하는 '격차'를 자각하지 못한다.

예전에 면접을 봤을 때의 일이다.

'강사로 10년 동안 일했습니다. 말하는 거라면 자신 있습니다'라고 말하는 사람이 있었다.

그에게 나는 '지금까지 어떤 것을 사람들에게 전해왔고 앞으로는 무엇을 전하고 싶으신가요?'라고 물었다.

그는 이런저런 이야기를 하며 열심히 설명해 줬다. 5분이 지나고 10분이 지나고 20분이 지났다.

설명은 계속되었다.

나는 그의 말을 끝까지 차분하게 들었다. 하지만 그가 무슨 말을 하고자 했는지 도무지 이해할 수 없었다.

이는 결코 남의 일이 아니다.

나를 포함해서 강사는 말할 기회가 많은 직업이다. 그래서 더욱 위험하다. 말하는 행위에 익숙해지면 무심코 자신의 이야기가 아무에게나 다 통한다고 착각할 수 있기 때문이다.

전직 프로야구 선수인 스즈키 이치로(鈴木一朗)는 수위 타자임에도 매년 배팅 자세를 바꿨다고 한다. 아무리 잘한다고 해도 꾸준히 개선책을 탐구했던 것이다. 이런 마음가짐이 얼마나 중요한지 새삼 깨닫게 해주는 일화가 아닐 수 없다.

사이버 에이전트(CyberAgent, Inc.)의 후지타 스스무 사장이 말한 '다카이젠'이라는 것이 있다. 다카이젠은 일본어의 다카이(打開, 타개)와 가이젠(改善, 개선)을 합성한 용어로 타계와 개선을 반복하는 끈질긴 집념을 말한다.

이는 우리들 기업인의 눈을 크게 뜨게 한 계기가 되었다. **우리는 아직도 부족하고 자각하고 개선해야 한다고 그는 강조했다. 그야말**

로 일류가 실천하는 루틴 그 자체가 아닐 수 없다.

설명도 일단 자신의 설명 수준이 어느 정도인지를 자각하는 것이 개선을 위한 첫걸음이다. 어떻게 하면 자각할 수 있을까?

좋은 방법이 있다. 바로 **상대방의 행동을 관찰하는 것이다.**

당신이 뭔가를 설명한 후에 상대방에게 어떤 행동이 일어났다면 당신의 설명이 전해졌다고 볼 수 있다. 예를 들어 '그 프로젝트 해볼게요!', '그 제품 사볼게요!', '반드시 실천해 볼게요!'라며 상대방이 실제 행동으로 옮기는 것이다.

이와 반대로 '검토해 보겠습니다', '기회가 있다면 꼭 한번!', '참고하도록 하겠습니다'라고 말만 한다면 당신이 진심으로 전하고 싶었던 것은 전달되지 않았을 가능성이 크다.

상대방에게 실제로 어떤 행동이 일어났다면 '전해졌다'고 정의하자. 이는 꽤 높은 수준의 설정이다.

그렇기에 상대방에게 당신의 설명이 전해졌을 때 보다 큰 보람과 기쁨을 느낄 수 있을 것이다.

말을 잘하고 못하고는 상대방이 정하는 것이다. 상대방의 행동을 판단 기준으로 삼고 자신의 설명 실력을 자각해 보자. 그리고 개선해 나가자.

이렇게 하면 진심으로 상대방에게 전해지는 '설명의 힘'을 기를 수 있다.

Road to Executive

일류는 상대방이
정한다고 생각한다.

 듣는 사람의 행동에 변화가 생겼다면
전해졌다고 정의 내린다.

삼류는 자신에 대해서 잘 모르고

　이류는 자신이 어떤 사람인지를 설명한다

　　일류는 무엇을 설명할까?

당신은 자신에게 대해서 얼마나 설명할 수 있는가?

평소에 우리는 '자신이 어떤 사람인지'에 대해서는 설명할 기회가 많다.

그런데 이보다 더 중요한 설명이 있다. 바로 **'어떻게 존재하고 싶은지'에 대한 설명이다.**

예를 들어 '저는 공무원이고 성격은 온화한 편이고 상냥합니다. 사람들의 이야기를 듣는 것을 좋아하고⋯'라는 설명은 '자신이 어떤 사람인지'에 해당하는 부분이다.

자동차에 비유하면 부품이다.

이런 부품을 통해서 '나는 다른 사람의 마음을 따뜻하게 하는 존재이고 싶다'라고 설명한다면 자신이 어떻게 존재하고 싶은지, 즉 자신을 지탱하고 이끌어 주는 엔진에 대한 설명이 된다.

가령 울트라맨은 괴물을 물리치는 히어로다.

이것은 부품이다.

이를 통해서 '사람들에게 평화를 가져다주는 존재이고 싶다'는 울트라맨의 엔진이다. 분명 울트라맨은 그렇게 생각하고 있을 것이다.

'어떻게 존재하고 싶은가?' 이것이 바로 그 사람이 존재하는 의미이자 중심축이다.

중심축이 없으면 팽이는 돌지 못한다. 골프, 야구 등의 스포츠에서 스윙은 중심축이 흔들리면 공을 멀리 보내지 못한다. 이와 마찬가지다. 한 번뿐인 우리의 인생, 과감하게 풀스윙을 날리며 행복하게 살려면 역시 중심축이 필요하지 않을까?

전 세계적으로 3,000만 부 이상의 판매를 기록한 스티븐 R. 코비 박사의 《성공하는 사람들의 7가지 습관》을 보면 '인생의 마지막 장을 그리는 것부터 시작하라'라는 항목이 있다. 이 항목은 '당신의 장례식에서 사람들이 어떤 조사(弔辭)를 읽어주길 바라는가?'라는 질문부터 시작한다.

자, 잠시 생각해 보자. 여기 두 가지 조사가 있다.

"○○ 씨는 돈을 많이 벌어서 비싸고 좋은 아파트에 살았고 좋은 자동차를 탔고 고급 시계를 차는 등 정말로 멋지고 훌륭한 삶을 사셨습니다."

다른 하나는

"○○ 씨는 언제나 최선을 다해서 저희를 격려해 주셨습니다. 힘든 내색을 하면 '자네라면 할 수 있어, 괜찮아'라며 항상 따뜻한 미소로 보듬어 주셨습니다. 그리고 항시 저희에게 마치 태양과 같은 존재였습니다."

어느 쪽이 멋지고 훌륭한 인생이었다고 생각하는가? 아마도 후자일 것이다.

- 우리 인생에 영향을 주는 존재였다.
- 용기와 희망을 주는 존재였다.
- 행복을 느끼게 해주는 존재였다.

당신도 분명히 이런 인생을 바라고 있을 것이다.

'자신이 어떤 인간인지'보다 '어떻게 존재하고 싶은지', 즉 자신의 존재 의미를 생각해 보길 바란다. 그리고 그를 위해서 열심히 배우고 경험하고 도전하며 자신의 존재 의미를 높여 나가길 바란다. 이것이 내가 당신에게 보내는 마지막 메시지다.

당신이 자신의 존재 의미에 대해서 설명하는 것이 보다 많은 사람들에게 희망이 되길 바라며, 또한 후회 없는 멋진 인생을 보내길 진심으로 응원한다.

Road to Executive

일류는 자신이 어떻게 존재하고
싶은지에 대해서 설명한다.

 자신의 존재 의미를 찾고 그것을 높여 나간다.

끝으로

이 책을 끝까지 읽어주어 대단히 감사하다.

'일류는 한 단계 높은 차원의 설명을 한다는 점' 그리고 '그런 능력은 누구라도 습득할 수 있다는 점'을 알게 되었으리라 짐작한다.

상대방의 마음속 깊이 전해지는 설명에는 구체적인 법칙이 있다. 의외로 간단한 법칙이다. 이 책을 통해서 그 법칙을 알았다면 저자로서 그보다 더 큰 보람은 없을 것이다.

마지막으로 설명의 힘을 향상시키는 요령을 알려주겠다.
바로 '100분의 1 행동요법'이다.

'행동요법'이란 행동을 바꿈으로써 결과를 바꾸는 방법이다.
그리고 '100분의 1'이란 100가지를 다 하려고 하지 말고 단 한 가지라도 실천해 보는 것이다. 예를 들어 눈앞에 10권의 참고서가 있다면 읽고 싶은 의욕이 생기지 않을 것이다. 그럴 때는 9권을 시야에서 사라지도록 다른 곳으로 치우고 한 권만 꺼내서 단 한 줄이라도 좋으니 일단 읽어보는 것이다.

운동을 시작한다고 피트니스센터에 가서 갑자기 60분 트레이닝을 하려면 힘들 것이다. 일단 중량이 적은 아령을 한 번이라도 좋으니 일단 들어보는 것이다.

참고서를 한 줄 읽기 시작하면 또 한 줄 그리고 또 한 줄 읽어보고 아령도 한 번 들어봤다면 5번, 10번으로 횟수를 늘려나가 보자.

이렇게 점차적으로 자신의 엔진을 가동시켜 나가는 것이다.

100분의 1만큼 조금씩 시작하는 것, 이것이 바로 '100분의 1 행동 요법'이다.

이 책에는 45가지의 설명 방법이 실려 있다.

일단 그중에서 한 가지 방법을 뽑아 보자.

그리고 실천해 보자.

분명 성과가 나타날 것이다. 그리고 하나 더, 그리고 하나 더 실천해 보자.

자신도 모르는 사이에 사내에서 당신을 이길 사람이 없을 만큼 당신은 설명의 일류가 되어 있을 것이다.

이제 슬슬 헤어질 시간이다.

마지막 항목으로 '자신에 대한 설명 곧 자신의 존재 의미를 설명한다'라는 내용을 다뤘다.

사실 나는 그 항목부터 집필하기 시작했다. 단 한 번뿐인 인생, 가장 의미 있는 설명이라고 생각했기 때문이다.

반드시 자신의 존재 의미와 가치를 모색하고 설명한다. 그리고 자신의 존재 의미를 승화시킨다.

이 과정에서 '자신이 자신이라는 사실'을 음미해 보는 시간을 갖길 바란다.

설명을 못한다고 생각하는 사람도 상사에게 혼이 나는 사람도 자신감을 잃은 사람도 괜찮다. 이 책을 집어 든 당신에게 이미 각성은 시작되었다.

사람은 변할 수 있다. 지금 이 순간부터.

당신의 인생이 다채로운 한 편의 드라마가 될 수 있기를 진심으로 기원한다.

기류 미노루(桐生 稔)

┃ 역자 소개 **┃** 이지현

이화여자대학교 의류직물학과를 졸업하고 일본 여자대학교로 교환 유학을 다녀왔다. 이화여자대학교 통번역대학원 한일번역과를 졸업했다. 현재 엔터스코리아 일본어 번역가로 활동 중이다.

주요 역서로는 《영업의 일류, 이류, 삼류》《영업의 신 100법칙》《100일을 디자인하라》《스틸》《2035년의 세계》《접객의 일류, 이류, 삼류》《부자의 관점》《세상의 이치를 터놓고 말하다》《Win의 거듭제곱》《하루 커피 세잔》《인생에서 가장 소중한 것은 서점에 있다》 등의 다수가 있다.

설명의 일류, 이류, 삼류

1판 1쇄 발행 2022년 6월 3일

지은이 기류 미노루
옮긴이 이지현
발행인 최봉규

발행처 지상사(청홍)
등록번호 제2017-000075호
등록일자 2002. 8. 23.
주소 서울특별시 용산구 효창원로64길 6 일진빌딩 2층
우편번호 04317
전화번호 02)3453-6111, 팩시밀리 02)3452-1440
홈페이지 www.jisangsa.co.kr
이메일 jhj-9020@hanmail.net

한국어판 출판권 ⓒ 지상사(청홍), 2022
ISBN 978-89-6502-319-7 03320

영업은 대본이 9할

가가타 히로유키 / 정지영

이 책에서 전달하는 것은 영업 교육의 전문가인 저자가 대본 영업 세미나에서 가르치고 있는 영업의 핵심. 즉 영업 대본을 작성하고 다듬는 지식이다. 대본이란 '구매 심리를 토대로 고객이 갖고 싶다고 "느끼는 마음"을 자연히 끌어내는 상담의 각본'을 말한다.

값 15,800원 국판(148×210) 237쪽
ISBN 978-89-6502-295-4 2020/12 발행

영업의 神신 100법칙

하야카와 마사루 / 이지현

인생의 고난과 역경을 극복하기 위해서는 '강인함'이 반드시 필요하다. 내면에 숨겨진 '독기'와도 같은 '절대 흔들리지 않는 용맹스러운 강인함'이 있어야 비로소 질척거리지 않는 온화한 자태를 뽐낼 수 있고, '부처'와 같은 평온한 미소로 침착하게 행동하는 100법칙이다.

값 14,700원 국판(148×210) 232쪽
ISBN 978-89-6502-287-9 2019/5 발행

리더의 神신 100법칙

하야카와 마사루 / 김진연

리더가 다른 우수한 팀을 맡게 되었다. 하지만 그 팀의 생산성은 틀림없이 떨어진다. 새로운 다른 문제로 고민에 휩싸일 것이 뻔하기 때문이다. 그런데 이번에는 팀 멤버를 탓하지 않고 자기 '능력이 부족해서'라며 언뜻 보기에 깨끗하게 인정하는 듯한 발언을 하는 리더도 있다.

값 15,000원 국판(148×210) 228쪽
ISBN 978-89-6502-292-3 2020/8 발행

주식 차트의 神신 100법칙

이시이 카츠토시 / 이정은

저자는 말한다. 이 책은 여러 책에 숟가락이나 얻으려고 쓴 책이 아니다. 사케다 신고가를 기본으로 실제 눈앞에 보이는 각 종목의 움직임과 조합을 바탕으로 언제 매매하여 이익을 얻을 것인지를 실시간 동향을 설명하며 매매전법을 통해 생각해 보고자 한다.

값 16,000원 국판(148×210) 236쪽
ISBN 978-89-6502-299-2 2021/2 발행

주식 데이트레이딩의 神신 100법칙

이시이 카츠토시 / 이정미

옛날 장사에 비유하면 아침에 싼 곳에서 사서 하루 안에 팔아치우는 장사다. '오버나잇' 즉 그날의 자금을 주식 시장에 남기는 일을 하지 않는다. 다음 날은 다시 그날의 기회가 가장 큰 종목을 선택해서 승부한다. 이제 개인 투자자 대다수가 실시하는 투자 스타일일 것이다.

값 16,000원 국판(148×210) 248쪽
ISBN 978-89-6502-307-4 2021/10 발행

경매 교과서

설마 안정일

저자가 기초반 강의할 때 사용하는 피피티 자료랑 제본해서 나눠준 교재를 정리해서 정식 책으로 출간하게 됐다. A4 용지에 제본해서 나눠준 교재를 정식 책으로 출간해 보니 감회가 새롭다. 지난 16년간 경매를 하면서 또는 교육을 하면서 여러분에게 꼭 하고 싶었던…

값 17,000원 사륙배판(188×257) 203쪽
ISBN 978-89-6502-300-5 2021/3 발행

「마음」을 알면 물건이 팔린다

카게 코지 / 박재영

사람은 논리적으로 행동하지 않는다. 본인은 논리적으로 행동한다고 인식한 순간에도 '마음'이 어떠한 영향을 받는다. 골치 아프게 자기 스스로도 그 사실을 인식하지 못한다. 유감스럽게도 여러분이 알고 있는 마케팅 수법이나 도구를 사용해 봤자 마음을 찾을 수 없다.

값 16,500원 국판(148×210) 248쪽
ISBN 978-89-6502-310-4 2022/1 발행

접객의 일류, 이류, 삼류

시치조 치에미 / 이지현

이 책을 통해서 저자는 그동안 수많은 사례를 통해 고객의 예민한 감정을 파악하는 방법을 《접객의 일류, 이류, 삼류》라는 독특한 형식으로 설명하고자 한다. 저자는 접객의 쓴맛, 단맛을 다 봤는데, 여전히 접객은 즐거운 일이라고 생각한다. 접객이 어려워서 고민하는 사람에게…

값 14,800원 국판(148×210) 224쪽
ISBN 978-89-6502-312-8 2022/03 발행

문과 출신도 쉽게 배우는 통계학

다카하시 신, 고 가즈키 / 오시연

빅데이터, 데이터 사이언스, 데이터 드리븐 경영 등 최근 비즈니스 분야에서는 툭하면 '데이터'라는 단어가 따라다닌다. 그때 종종 같이 얼굴을 내미는 녀석이 통계학이다. 만약 수학을 싫어하는 사람들을 모아서 '아주 편리해 보이지만 잘 모르는 학문 순위'를 만든다면…

값 16,000원 신국판(153×224) 240쪽
ISBN 978-89-6502-311-1 2022/2 발행